Das

Gesetz zur Bekämpfung des unlauteren Wettbewerbes.

Vom 27. Mai 1896.

Für die gerichtliche und gewerbliche Praxis

erläutert von

C. Hauß,
Kaiserlicher Geheimer Ober-Regierungsrath
und vortragender Rath im Reichsamt des Innern.

Berlin SW.48.
Wilhelmstr. 119/120.
J. Guttentag, Verlagsbuchhandlung.
1896.

Vorwort.

Das Gesetz zur Bekämpfung des unlauteren Wettbewerbes wird voraussichtlich eine weittragende Bedeutung für das gewerbliche Leben gewinnen. Dabei ist es in der Natur des Gegenstandes begründet, wenn die Auslegung und Anwendung der einzelnen Vorschriften hier und da auf Zweifel und Schwierigkeiten stoßen wird. An den legislativen Vorarbeiten von Anfang an betheiligt, habe ich es gern übernommen, dem Gesetz bei seinem bevorstehenden Inkrafttreten einige Erläuterungen mit auf den Weg zu geben, welche der gerichtlichen und gewerblichen Praxis die leitenden Gedanken des Gesetzgebers klarlegen sollen. Diesem Gebrauchszweck ist die Arbeit angepaßt; sie hat auf Erörterungen theoretischen Inhalts verzichtet und aus der Fülle des vorliegenden Materials Alles ausgeschieden, was zur unmittelbaren Verwerthung ungeeignet erscheinen mußte. Insbesondere ist die Rechtsprechung und die Litteratur des Auslandes unberücksichtigt geblieben.

Möge die Arbeit zum Verständniß des Gesetzes und zur Verwirklichung der Absichten, die es verfolgt, einen bescheidenen Antheil beitragen.

Berlin, im Mai 1896.

C. Hauß.

Inhalt.

I.

Gesetz

zur

Bekämpfung des unlauteren Wettbewerbes.

Vom 27. Mai 1896.

(Reichs-Gesetzblatt 1896. Nr. 13. Seite 145.)

(Ausgegeben zu Berlin den 30. Mai 1896.)

Wir **Wilhelm**, von Gottes Gnaden Deutscher Kaiser, König von Preußen rc.

verordnen im Namen des Reichs, nach erfolgter Zustimmung des Bundesraths und des Reichstags, was folgt:

§. 1.

Wer in öffentlichen Bekanntmachungen oder in Mittheilungen, welche für einen größeren Kreis von Personen bestimmt sind, über geschäftliche Verhältnisse, insbesondere über die Beschaffenheit, die Herstellungsart oder die Preisbemessung von Waaren oder gewerblichen Leistungen, über die Art des Bezuges oder die Bezugsquelle von Waaren, über den Besitz von Auszeichnungen, über den Anlaß oder den Zweck des Verkaufs unrichtige Angaben thatsächlicher Art macht, welche geeignet sind, den Anschein eines besonders günstigen Angebots hervorzurufen, kann auf Unterlassung der unrichtigen Angaben in Anspruch genommen werden. Dieser Anspruch kann von jedem Gewerbetreibenden, der Waaren oder Leistungen gleicher oder verwandter Art herstellt oder in den geschäftlichen Verkehr bringt, oder von

Verbänden zur Förderung gewerblicher Interessen geltend gemacht werden, soweit die Verbände als solche in bürgerlichen Rechtsstreitigkeiten klagen können.

Neben dem Anspruch auf Unterlassung der unrichtigen Angaben haben die vorerwähnten Gewerbetreibenden auch Anspruch auf Ersatz des durch die unrichtigen Angaben verursachten Schadens gegen denjenigen, der die Angaben gemacht hat, falls dieser ihre Unrichtigkeit kannte oder kennen mußte. Der Anspruch auf Schadensersatz kann gegen Redakteure, Verleger, Drucker oder Verbreiter von periodischen Druckschriften nur geltend gemacht werden, wenn dieselben die Unrichtigkeit der Angaben kannten.

Die Verwendung von Namen, welche nach dem Handelsgebrauch zur Benennung gewisser Waaren dienen, ohne deren Herkunft bezeichnen zu sollen, fällt unter die vorstehenden Bestimmungen nicht.

Im Sinne der Bestimmungen des Absatzes 1 und 2 sind den Angaben thatsächlicher Art bildliche Darstellungen und sonstige Veranstaltungen gleich zu achten, die darauf berechnet und geeignet sind, solche Angaben zu ersetzen.

Unter Waaren im Sinne dieses Gesetzes sind auch landwirthschaftliche Erzeugnisse, unter gewerblichen Leistungen auch landwirthschaftliche zu verstehen.

§. 2.

Für Klagen auf Grund des §. 1 ist ausschließlich zuständig das Gericht, in dessen Bezirk der Beklagte seine gewerbliche Niederlassung oder in Ermangelung einer solchen seinen Wohnsitz hat. Für Personen, welche im Inlande weder eine gewerbliche Niederlassung noch einen Wohnsitz haben, ist ausschließlich zuständig das Gericht des inländischen Aufenthaltsortes, oder wenn ein solcher nicht bekannt ist, das Gericht, in dessen Bezirk die Handlung begangen ist.

§. 3.

Zur Sicherung des im §. 1 Absatz 1 bezeichneten Anspruchs können einstweilige Verfügungen erlassen werden, auch wenn die in den §§. 814, 819 der Civilprozeßordnung bezeichneten Voraussetzungen nicht zutreffen. Zuständig ist auch das Amtsgericht, in dessen Bezirk die den Anspruch begründende Handlung begangen ist; im Uebrigen finden die Vorschriften des §. 820 der Civilprozeßordnung Anwendung.

§. 4.

Wer in der Absicht, den Anschein eines besonders günstigen Angebots hervorzurufen, in öffentlichen Bekanntmachungen oder in Mittheilungen, welche für einen größeren Kreis von Personen bestimmt sind, über die Beschaffenheit, die Herstellungsart oder die Preisbemessung von Waaren oder gewerblichen Leistungen, über die Art des Bezuges oder die Bezugsquelle von Waaren, über den Besitz von Auszeichnungen, über den Anlaß oder den Zweck des Verkaufs wissentlich unwahre und zur Irreführung geeignete Angaben thatsächlicher Art macht, wird mit Geldstrafe bis zu eintausendfünfhundert Mark bestraft.

Ist der Thäter bereits einmal wegen einer Zuwiderhandlung gegen die vorstehende Vorschrift bestraft, so kann neben oder statt der Geldstrafe auf Haft oder auf Gefängniß bis zu sechs Monaten erkannt werden; die Bestimmungen des §. 245 des Strafgesetzbuchs finden entsprechende Anwendung.

§. 5.

Durch Beschluß des Bundesraths kann festgesetzt werden, daß bestimmte Waaren im Einzelverkehr nur in vorgeschriebenen Einheiten der Zahl, der Länge und des Gewichts oder mit einer auf der Waare oder ihrer Aufmachung anzubringenden Angabe über Zahl, Länge oder Gewicht gewerbsmäßig verkauft oder feilgehalten werden dürfen.

Für den Einzelverkehr mit Bier in Flaschen oder Krügen kann die Angabe des Inhaltes unter Festsetzung angemessener Fehlergrenzen vorgeschrieben werden.

Die durch Beschluß des Bundesraths getroffenen Bestimmungen sind durch das Reichs-Gesetzblatt zu veröffentlichen und dem Reichstag sogleich oder bei seinem nächsten Zusammentritt vorzulegen.

Zuwiderhandlungen gegen die Bestimmungen des Bundesraths werden mit Geldstrafe bis einhundertundfünfzig Mark oder mit Haft bestraft.

§. 6.

Wer zu Zwecken des Wettbewerbes über das Erwerbsgeschäft eines Anderen, über die Person des Inhabers oder Leiters des Geschäfts, über die Waaren oder gewerblichen Leistungen eines Anderen Behauptungen thatsächlicher Art aufstellt oder verbreitet, welche geeignet sind, den Betrieb des Geschäfts oder den Kredit des Inhabers zu schädigen, ist, sofern die Behauptungen nicht erweislich wahr sind, dem Verletzten zum Ersatze des entstandenen Schadens verpflichtet. Auch kann der Verletzte den Anspruch geltend machen, daß die Wiederholung oder Verbreitung der Behauptungen unterbleibe.

Die Bestimmungen des ersten Absatzes finden keine Anwendung, wenn der Mittheilende oder der Empfänger der Mittheilung an ihr ein berechtigtes Interesse hat.

§. 7.

Wer wider besseres Wissen über das Erwerbsgeschäft eines Anderen, über die Person des Inhabers oder Leiters des Geschäfts, über die Waaren oder gewerblichen Leistungen eines Anderen unwahre Behauptungen thatsächlicher Art aufstellt oder verbreitet, welche geeignet sind, den Betrieb des Geschäfts zu schädigen, wird mit Geldstrafe bis zu eintausendfünfhundert Mark oder mit Gefängniß bis zu einem Jahre bestraft.

§. 8.

Wer im geschäftlichen Verkehr einen Namen, eine Firma oder die besondere Bezeichnung eines Erwerbsgeschäfts, eines gewerblichen Unternehmens oder einer Druckschrift in einer Weise benutzt, welche darauf berechnet und geeignet ist, Verwechselungen mit dem Namen, der Firma oder der besonderen Bezeichnung hervorzurufen, deren sich ein Anderer befugterweise bedient, ist diesem zum Ersatze des Schadens verpflichtet. Auch kann der Anspruch auf Unterlassung der mißbräuchlichen Art der Benutzung geltend gemacht werden.

§. 9.

Mit Geldstrafe bis zu dreitausend Mark oder mit Gefängniß bis zu einem Jahre wird bestraft, wer als Angestellter, Arbeiter oder Lehrling eines Geschäftsbetriebes Geschäfts- oder Betriebsgeheimnisse, die ihm vermöge des Dienstverhältnisses anvertraut oder sonst zugänglich geworden sind, während der Geltungsdauer des Dienstverhältnisses unbefugt an Andere zu Zwecken des Wettbewerbes oder in der Absicht, dem Inhaber des Geschäftsbetriebes Schaden zuzufügen, mittheilt.

Gleiche Strafe trifft denjenigen, welcher Geschäfts- oder Betriebsgeheimnisse, deren Kenntniß er durch eine der im Absatz 1 bezeichneten Mittheilungen oder durch eine gegen das Gesetz oder die guten Sitten verstoßende eigene Handlung erlangt hat, zu Zwecken des Wettbewerbes unbefugt verwerthet oder an Andere mittheilt.

Zuwiderhandlungen verpflichten außerdem zum Ersatze des entstandenen Schadens. Mehrere Verpflichtete haften als Gesammtschuldner.

§. 10.

Wer zum Zweck des Wettbewerbes es unternimmt, einen Anderen zu einer unbefugten Mittheilung der im §. 9 Absatz 1 bezeichneten Art zu bestimmen, wird mit Geldstrafe bis zu zweitausend Mark oder mit Gefängniß bis zu neun Monaten bestraft.

§. 11.

Die in den §§. 1, 6, 8, 9 bezeichneten Ansprüche auf Unterlassung oder Schadensersatz verjähren in sechs Monaten von dem Zeitpunkt an, in welchem der Anspruchsberechtigte von der Handlung und von der Person des Verpflichteten Kenntniß erlangt, ohne Rücksicht auf diese Kenntniß in drei Jahren von der Begehung der Handlung an.

Für die Ansprüche auf Schadensersatz beginnt der Lauf der Verjährung nicht vor dem Zeitpunkt, in welchem ein Schaden entstanden ist.

§. 12.

Die Strafverfolgung tritt mit Ausnahme der im §. 5 bezeichneten Fälle nur auf Antrag ein. In den Fällen des §. 4 hat das Recht den Strafantrag zu stellen, jeder der im §. 1 Absatz 1 bezeichneten Gewerbetreibenden und Verbände.

Die Zurücknahme des Antrages ist zuläßig.

Strafbare Handlungen, deren Verfolgung nur auf Antrag eintritt, können von den zum Strafantrage Berechtigten im Wege der Privatklage verfolgt werden, ohne daß es einer vorgängigen Anrufung der Staatsanwaltschaft bedarf. Die öffentliche Klage wird von der Staatsanwaltschaft nur dann erhoben, wenn dies im öffentlichen Interesse liegt.

Geschieht die Verfolgung im Wege der Privatklage, so sind die Schöffengerichte zuständig.

§. 13.

Wird in den Fällen des §. 4 auf Strafe erkannt, so kann angeordnet werden, daß die Verurtheilung auf Kosten des Schuldigen öffentlich bekannt zu machen sei.

Wird in den Fällen des §. 7 auf Strafe erkannt, so ist zugleich dem Verletzten die Befugniß zuzusprechen, die Verurtheilung innerhalb bestimmter Frist auf Kosten des Verurtheilten öffentlich bekannt zu machen.

Auf Antrag des freigesprochenen Angeschuldigten kann das Gericht die öffentliche Bekanntmachung der Freisprechung anordnen; die Staatskasse trägt die Kosten, insofern dieselben nicht dem Anzeigenden oder dem Privatkläger auferlegt worden sind.

Ist in den Fällen der §§. 1, 6 und 8 auf Unterlassung Klage erhoben, so kann in dem Urtheile der obsiegenden Partei die Befugniß zugesprochen werden, den verfügenden Theil des Urtheils innerhalb bestimmter Frist auf Kosten der unterliegenden Partei öffentlich bekannt zu machen.

Die Art der Bekanntmachung ist im Urtheil zu bestimmen.

§. 14.

Neben einer nach Maßgabe dieses Gesetzes verhängten Strafe kann auf Verlangen des Verletzten auf eine an ihn zu erlegende Buße bis zum Betrage von zehntausend Mark erkannt werden. Für diese Buße haften die zu derselben Verurtheilten als Gesammtschuldner. Eine erkannte Buße schließt die Geltendmachung eines weiteren Entschädigungsanspruchs aus.

§. 15.

Bürgerliche Rechtsstreitigkeiten, in welchen durch Klage ein Anspruch auf Grund dieses Gesetzes geltend gemacht ist, gehören, insoweit in erster Instanz die Zuständigkeit der Landgerichte begründet ist, vor die Kammer für Handelssachen. Die Verhandlung und Entscheidung letzter Instanz im Sinne des §. 8 des Einführungsgesetzes zum Gerichtsverfassungsgesetze wird dem Reichsgericht zugewiesen.

§. 16.

Wer im Inlande eine Hauptniederlassung nicht besitzt, hat auf den Schutz dieses Gesetzes nur insoweit Anspruch, als in dem Staate, in welchem seine Hauptniederlassung sich befindet, nach einer im Reichs-Gesetzblatt enthaltenen Bekanntmachung deutsche Gewerbetreibende einen entsprechenden Schutz genießen.

§. 17.

Dieses Gesetz tritt am 1. Juli 1896 in Kraft.

Urkundlich unter Unserer Höchsteigenhändigen Unterschrift und beigedrucktem Kaiserlichen Insiegel.

Gegeben an Bord Meiner Yacht „Alexandria", den 27. Mai 1896.

(L. S.) Wilhelm.
von Bötticher.

II.

Einleitung.

1. Begriff des unlauteren Wettbewerbes.

Unlauterer Wettbewerb (concurrence déloyale, unfair competition, concorrenza sleale) ist ein geschäftliches Gebahren, welches sittlich verwerfliche Mittel anwendet, um Kunden heranzuziehen. Entsprechend der Mannigfaltigkeit der Mittel, welche zu diesem Zwecke angewendet werden können, umfaßt der Begriff sehr verschiedenartige Verfehlungen. Gewisse Erscheinungsformen des unlauteren Wettbewerbes fallen unter Spezialgesetze. So behandelt das Reichsstrafgesetzbuch u. A. in den Abschnitten über Betrug und Untreue, über strafbaren Eigennutz und Verletzung fremder Geheimnisse, in den Bestimmungen über verleumderische Beleidigung, über unbefugte Annahme eines Amtszeichens, eines Ordens oder Titels ꝛc. Thatbestände, welche sich unter Umständen als unlauterer Wettbewerb darstellen. Ebenso fällt unter diesen Begriff die durch besondere Gesetze einer civil- und strafrechtlichen Verantwortlichkeit unterstellte unbefugte Verwerthung fremder Muster und Modelle, Photographien, Erfindungen, Gebrauchsmuster und Waarenzeichen. Eine Bethätigung des unlauteren Wettbewerbes kann ferner dann vorliegen, wenn ein Arbeitgeber entgegen der Bestimmung in § 125 der Gewerbeordnung den bei einem Berufsgenossen beschäftigten Gesellen oder Gehülfen verleitet, vor rechtmäßiger Beendigung des Dienstverhältnisses die Arbeit zu verlassen. Endlich enthält das Handelsgesetzbuch, die Konkursordnung, die Gesetzgebung über den Verkehr mit Nahrungsmitteln, mit Ersatzmitteln für Butter, mit Wein rc. einzelne Vorschriften, welche auf Unterdrückung gewisser, die Erwerbsgenossen benachtheiligender Mißbräuche im Geschäftsleben abzielen.

2. Bisheriger Rechtszustand.

Ein allgemeines, alle Fälle umfassendes Verbot unredlichen Geschäftsgebahrens ist der Reichsgesetzgebung bisher fremd geblieben. Zwar wird in der Wissenschaft von namhafter Seite die Auffassung vertreten, daß der unlautere Wettbewerb als unbefugter Eingriff in eine fremde Rechtssphäre, als Verletzung des allen Gewerbetreibenden zustehenden Persönlichkeitsrechts auf freie und unbehinderte Bethätigung in Handel und Wandel auch ohne ausdrückliche Gesetzesbestimmung als verboten anzusehen sei und der Repression im Wege einer Arglists-Klage unterliege. Ob und inwieweit diese Auffassung richtig ist, kann hier unerörtert bleiben. Die gerichtliche Praxis ist ihr jedenfalls nicht beigetreten; und insbesondere hat sie es abgelehnt, in der Auslegung des allen deutschen Rechtssystemen eigenen Grundsatzes der Ersatzpflicht bei schuldhafter Schadenszufügung (vergl. z. B. §§ 8 und 10 des Preußischen Allgemeinen Landrechts I 6 und §§ 88 bis 93 Einleitung ebendort) dem Vorbilde der französischen Judikatur zu folgen, welche aus der gleichartigen Bestimmung des Art. 1382 des code civil eine Handhabe zur Unterdrückung jedweder, einem Mitbewerber schädlichen Ausschreitung im Konkurrenzkampfe zu schaffen gewußt hat. Selbst für das deutsche Geltungsgebiet des code civil haben die Gerichte zu einer derartig umfassenden Anwendung des Art. 1382 sich nicht verstehen wollen.

Eine Untersuchung über die inneren Gründe dieser Erscheinung und über die Berechtigung der Vorwürfe, welche man hie und da gegen die Entwickelung der deutschen Rechtsprechung erheben zu können meint, liegt nicht im Rahmen dieser Darstellung. Es genügt hier, die Thatsache zu konstatiren, daß nach dem bisherigen Rechtszustande Geschäftspraktiken, die vom Standpunkte der Moral als unzulässig gelten müssen, im Allgemeinen nur in so weit verfolgbar sind, als Spezialgesetze ein Mittel zur Abwehr an die Hand geben. In diesem Umstande liegt nun aber für Personen mit weitem Gewissen eine bedenkliche Versuchung; und in einer Zeit, in der das Zusammenwirken mannigfacher Verhältnisse, die fast unbeschränkte Freiheit des Gewerbebetriebes, die schnelle Verkehrsentwickelung, die ungeheure Steigerung der Produktion und des Angebots, der häufige Wechsel zwischen Perioden des wirthschaftlichen Aufschwunges und des Niederganges zur äußersten Anspannung aller Kräfte im Konkurrenzkampf geführt haben, konnte es nicht ausbleiben, daß die Unvollständigkeit der bestehenden Rechtsnormen Mißbräuche im Verkehr hervortreten ließ.

In der Feststellung dieser Thatsache liegt nichts, was der deutsche Gewerbestand in seiner Gesammtheit als eine Anzweifelung seiner Loyalität aufzufassen Veranlassung hätte. Eine große Zahl der bedeutendsten wirthschaftlichen Körperschaften, u. A. die Handelskammern zu Köln, Breslau, Hamburg, die Aeltesten der Kaufmannschaft zu Berlin und Magdeburg haben bei der gutachtlichen Aeußerung über die Frage übereinstimmend und mit Recht den Satz an die Spitze gestellt, daß Treue und Glauben heute, wie ehedem, die gesunde Grundlage des Verkehrs bilden, daß der deutsche Gewerbestand in Bezug auf redliche und gewissenhafte Geschäftsführung hinter keiner anderen Nation zurücksteht, und daß eine solide und strenge Auffassung über die auch im Verkehrsleben zu wahrenden Ansprüche der Moral und des Anstandes alle Schichten der Bevölkerung durchdringt. Gerade hierin ist es begründet, wenn das öffentliche Rechtsbewußtsein gegen die hier und da vorkommenden Verstöße in empfindlicher Weise reagirt, und und wenn es an den Gesetzgeber das Verlangen stellte, über die engen Grenzen der bisher geltenden Sondervorschriften hinaus den Anforderungen der geschäftlichen Moral den Charakter einer zwingenden Rechtsnorm zu verleihen.

3. Die Bestrebungen auf Erlaß eines allgemeinen Gesetzes zur Bekämpfung des unlauteren Wettbewerbes sind erst jüngeren Datums; sie setzen mit einigen Anläufen Mitte der achtziger Jahre ein, um zu Beginn des laufenden Jahrzehnts an Ausdehnung und Intensität schnell zu wachsen. Zunächst wurde die Frage in Broschüren und wissenschaftlichen Zeitschriften, sowie in den Verhandlungen von Fachvereinen gelegentlich erörtert, ohne daß jedoch aus diesen Aeußerungen die Folgerung hätte hergeleitet werden können, als ob der Gesammtheit oder auch nur einem erheblichen Bruchtheil der Gewerbetreibenden ein gesetzgeberisches Vorgehen erwünscht oder nothwendig erscheine. Auch eine von der Regierung veranstaltete Enquête über das Bedürfniß eines gesetzlichen Schutzes für Fabrikgeheimnisse blieb bei dem Widerstreit der Wünsche und Auffassungen einstweilen ohne praktisches Ergebniß.

In Fluß kam die Bewegung erst im Winter 1892/93 durch die Veröffentlichung des Entwurfs zu dem unter dem 12. Mai 1894 (Reichsgesetzbl. S. 441) verabschiedeten Gesetze, betr. den Schutz der Waarenbezeichnungen. Dieser Entwurf beabsichtigte in erster Linie, den Rechtsschutz der Marken durch eine veränderte Organisation der Verwaltung und des Verfahrens zu verstärken. Daneben aber wollte er, über den Bereich der Marken im engeren Sinne hinausgreifend, einzelnen anderen auf dem Gebiete der Waarenbezeichnung liegenden und deshalb der Materie der Markenverletzung nahe verwandten Mißbräuchen des unlauteren Wettbewerbes, nämlich der unbefugten Nachahmung einer als Kennzeichen eines anderen Geschäftsbetriebes im Verkehr bekannten Art der Ausstattung von Waaren und der Verwendung unrichtiger Ursprungsangaben strafrechtlich entgegentreten. Aus Anlaß dieses letzteren Vorschlages, der fast überall Zustimmung fand, bemächtigte sich die öffentliche Diskussion der Frage des unlauteren Wettbewerbes in ihrer prinzipiellen Bedeutung. Man verlangte neben den besonderen Vorschriften den Erlaß eines allgemeinen Verbots gegen die Auswüchse der Konkurrenz. Im Reichstage nahm bei der Berathung des Waarenbezeichnungsgesetzes der Abgeordnete Roeren jenes Verlangen auf, indem er in Anlehnung an einen schon früher zur Gewerbeordnung gestellten, indessen nicht zur Erledigung gelangten Antrag folgende Einschaltung in das Gesetz beantragte:

> Wer zum Zweck der Täuschung in Handel und Verkehr über den Ursprung und Erwerb, über besondere Eigenschaften und Auszeichnungen von Waaren, über die Menge der Vorräthe, den Anlaß zum Verkauf oder die Preisbemessung falsche Angaben macht, welche geeignet sind, über Beschaffenheit, Werth oder Herkunft der Waare einen Irrthum zu erregen, wird vorbehaltlich des Entschädigungsanspruchs des Verletzten mit Geldstrafe .... oder mit Gefängniß .... bestraft.
>
> Das Gericht kann auf Antrag der Betheiligten .... im Wege der einstweiligen Verfügung Anordnungen treffen, die geeignet sind, die zum Zwecke der Täuschung bewirkten Veranstaltungen und Ankündigungen zu verhindern.

Der Antrag erschien bei voller Würdigung des ihm zu Grunde liegenden Gedankens unannehmbar: er fand im Rahmen des Waarenbezeichnungsgesetzes nicht die ihm zukommende Stelle im Rechtssystem; er griff willkürlich einige wenige Fälle des unlauteren Wettbewerbes heraus; die Fassung litt an einer bedenklichen Unklarheit; was bedeutete der Vorbehalt des Entschädigungsanspruches und wer sollte als verletzt, wer als betheiligt gelten? Vor Allem aber konnte eine so bedeutsame Frage nicht beiläufig, ohne sorgfältige Abwägung der dabei betheiligten Interessen und ohne Anhörung des Gewerbestandes entschieden werden. Dessenungeachtet bedurfte es bei der beifälligen Aufnahme, der die Tendenz des Vorschlages innerhalb und außerhalb des Reichstages begegnete, von Seiten der Regierung des bestimmten Hinweises auf die Möglichkeit einer Gefährdung des Waarenbezeichnungsgesetzes, um den vorläufigen Verzicht auf den beantragten Zusatz zu erwirken. Der Reichstag beschränkte sich darauf, in Form einer Resolution die verbündeten Regierungen um baldigste Vorlage eines Gesetzentwurfes zu ersuchen, „durch dessen Bestimmungen dem unlauteren Wettbewerbe in Handel und Verkehr in weiterem Umfange entgegengetreten wird".

4. Die Vorbereitung des Gesetzes.

Entsprechend der Zusage, welche der Staatssekretär des Innern abgegeben hatte, wurden im Reichsamt des Innern unter Mitwirkung des Reichsjustizamtes die Vorarbeiten für den Gesetzentwurf unverweilt in Angriff genommen. Das reichhaltige Material, welches sich in den an das Waarenbezeichnungsgesetz anknüpfenden öffentlichen Kundgebungen angesammelt hatte, konnte dabei mit Vortheil verwerthet werden. Insbesondere erwies es sich als nützlich, daß zahlreiche Einzelfälle des unlauteren Wettbewerbes durch die Presse zur Sprache gebracht waren; eine im Auftrage mehrerer Handelskammern veranstaltete Sammlung ist im Buchhandel erschienen und in weitesten Kreisen bekannt geworden. Unter eingehender Würdigung und Sichtung des Materials wurden zunächst die Grundzüge für einen

Gesetzentwurf aufgestellt und mit einer Anfang Oktober 1894 zusammenberufenen Versammlung sachkundiger, in der Praxis des wirthschaftlichen Lebens stehenden Männer durchberathen. Der Gesetzentwurf, der aus diesen Vorarbeiten hervorging, wurde sodann mit einer erläuternden Denkschrift im Januar 1895 durch Veröffentlichung im Reichs-Anzeiger der Kritik der betheiligten Kreise unterbreitet.

Wir lassen diesen ersten Entwurf hier folgen, da er gerade vermöge der Umgestaltung, welche er in den späteren Stadien erfahren hat, zum Verständniß und für die Auslegung des Gesetzes nach manchen Richtungen hin nützlichen Aufschluß gewähren kann. Der Wiedergabe der Denkschrift bedarf es nicht; ihr Inhalt deckt sich zum großen Theil mit der Begründung des später dem Reichstage vorgelegten Entwurfs, auf welche wir bei der Besprechung der einzelnen Vorschriften des näheren werden einzugehen haben.

5. Erster Entwurf eines Gesetzes (Januar 1895).

§. 1.

Wer es unternimmt, im geschäftlichen Verkehre durch unrichtige Angaben thatsächlicher Art über die Beschaffenheit oder die Preisbemessung von Waaren und gewerblichen Leistungen über die Bezugsquelle von Waaren, über den Besitz von Auszeichnungen, über die Menge der Vorräthe oder den Anlaß zum Verkauf den Anschein eines besonders günstigen Angebots hervorzurufen, kann auf Unterlassung der unrichtigen Angaben in Anspruch genommen werden. Dieser Anspruch kann von jedem Gewerbetreibenden, der Waaren oder Leistungen gleicher Art herstellt oder in den geschäftlichen Verkehr bringt, und von Verbänden Gewerbetreibender geltend gemacht werden. Zur Sicherung des Anspruchs können einstweilige Verfügungen erlassen werden, auch wenn die in den §§. 814, 819 der Civilprozeßordnung bezeichneten besonderen Voraussetzungen nicht zutreffen.

Neben dem Anspruch auf Unterlassung der unrichtigen Angaben haben die vorerwähnten Gewerbetreibenden Anspruch auf Ersatz des durch die unrichtigen Angaben verursachten Schadens gegen den Urheber der Angaben, falls dieser ihre Unrichtigkeit kannte oder kennen mußte.

Im Sinne der vorstehenden Bestimmungen sind den Angaben thatsächlicher Art solche Veranstaltungen gleich zu achten, die darauf berechnet und geeignet sind, derartige Angaben zu ersetzen.

§. 2.

Wer es unternimmt, in öffentlichen Bekanntmachungen oder in Mittheilungen, welche an einen größeren Kreis von Personen sich richten, durch wissentlich unwahre Angaben thatsächlicher Art über die Beschaffenheit oder die Preisbemessung von Waaren oder gewerblichen Leistungen, über die Bezugsquelle von Waaren, über den Besitz von Auszeichnungen oder den Anlaß zum Verkauf den Anschein eines besonders günstigen Angebots hervorzurufen, wird mit Geldstrafe bis zu 1500 Mark oder mit Haft oder mit Gefängniß bis zu sechs Monaten bestraft.

§. 3.

Durch Beschluß des Bundesraths kann bestimmt werden, daß gewisse Waaren im Einzelverkehr nur in bestimmten Mengeneinheiten oder mit einer auf der Waare oder ihrer Aufmachung anzubringenden Angabe der Menge gewerbsmäßig verkauft oder feilgehalten werden dürfen.

Die durch Beschluß des Bundesraths getroffenen Bestimmungen sind durch das Reichsgesetzblatt zu veröffentlichen.

Zuwiderhandlungen gegen die Bestimmungen des Bundesraths werden mit Geldstrafe bis 150 Mark oder mit Haft bestraft.

§. 4.

Wer über ein Erwerbsgeschäft, über die Person seines Inhabers, über die Waaren oder gewerblichen Leistungen eines Geschäfts oder seines Inhabers Behauptungen thatsächlicher Art aufstellt oder verbreitet, welche geeignet sind, den Absatz des Geschäfts oder den Kredit des Inhabers zu schädigen, ist, sofern die Behauptungen nicht erweislich wahr sind, dem Verletzten zum Ersatze des entstandenen Schadens verpflichtet. Auch kann der Verletzte den Anspruch geltend machen, daß die Wiederholung oder Verbreitung der Behauptungen unterbleibe.

Die Bestimmungen des ersten Absatzes finden keine Anwendung, sofern die Absicht, den Absatz des Geschäfts oder den Kredit des Inhabers zu schädigen, bei dem Mittheilenden ausgeschlossen erscheint. Dies ist insbesondere anzunehmen, wenn er oder der Empfänger der Mittheilung an ihr ein berechtigtes Interesse hatte.

§. 5.

Wer über ein Erwerbsgeschäft, über die Person seines Inhabers, über die Waaren oder gewerblichen Leistungen eines Geschäfts oder seines Inhabers wider besseres Wissen unwahre Behauptungen thatsächlicher Art aufstellt oder verbreitet, welche geeignet sind, den Absatz des Geschäfts zu schädigen, wird mit Geldstrafe bis zu 1500 Mark oder mit Gefängniß bis zu einem Jahre bestraft.

§. 6.

Wer im geschäftlichen Verkehr einen Namen, eine Firma, oder die besondere Bezeichnung eines Erwerbsgeschäfts in einer Weise benutzt, welche darauf berechnet und geeignet ist, Verwechselungen mit dem Namen, der Firma, oder der Bezeichnung eines Erwerbsgeschäfts hervorzurufen, deren sich ein Anderer befugterweise bedient, ist diesem zum Ersatze des Schadens verpflichtet. Auch kann der Anspruch auf Unterlassung der mißbräuchlichen Art der Benutzung geltend gemacht werden.

§. 7.

Wer Geschäfts- oder Betriebsgeheimnisse, die ihm als Angestellten, Arbeiter oder Lehrling eines Geschäftsbetriebes vermöge des Dienstverhältnisses anvertraut oder sonst zugänglich geworden sind, vor Ablauf von zwei Jahren seit Beendigung des Dienstverhältnisses zu Zwecken des Wettbewerbes mit jenem

Geschäftsbetriebe unbefugt an Andere mittheilt oder anderweit verwerthet, wird mit Geldstrafe bis zu 3000 Mark oder mit Gefängniß bis zu einem Jahre bestraft und ist zum Ersatze des entstandenen Schadens verpflichtet.

§. 8.

Wer es unternimmt, einen Anderen zu einer Zuwiderhandlung gegen die Vorschrift unter §. 7 zu verleiten, wird mit Geldstrafe bis 1500 Mark oder mit Gefängniß bis zu sechs Monaten bestraft.

§. 9.

In den Fällen der §§. 5, 7 und 8 tritt die Strafverfolgung nur auf Antrag ein. Die Zurücknahme des Antrages ist zulässig.

Wird in den Fällen des §. 2 auf Strafe erkannt, so kann angeordnet werden, daß die Verurtheilung auf Kosten des Schuldigen öffentlich bekannt zu machen sei.

Wird in den Fällen des §. 5 auf Strafe erkannt, so ist zugleich dem Verletzten die Befugniß zuzusprechen, die Verurtheilung innerhalb bestimmter Frist auf Kosten des Verurtheilten bekannt zu machen.

Die Art der Bekanntmachung ist im Urtheil zu bestimmen.

Neben einer nach Maßgabe dieses Gesetzes verhängten Strafe kann auf Verlangen des Verletzten auf eine an ihn zu erlegende Buße bis zum Betrage von 10 000 Mark erkannt werden. Für diese Buße haften die zu derselben Verurtheilten als Gesammtschuldner. Eine erkannte Buße schließt die Geltendmachung eines weiteren Entschädigungsanspruches aus.

§. 10.

In bürgerlichen Rechtsstreitigkeiten, in welchen durch Klage oder Widerklage ein Anspruch auf Grund dieses Gesetzes geltend gemacht ist, wird die Verhandlung und Entscheidung letzter Instanz im Sinne des §. 8 des Einführungsgesetzes zum Gerichtsverfassungsgesetze dem Reichsgericht zugewiesen.

§. 11.

Wer im Inland eine Hauptniederlassung nicht besitzt, hat auf den Schutz dieses Gesetzes nur insoweit Anspruch, als in dem Staate, in welchem seine Hauptniederlassung sich befindet, nach einer im Reichs-Gesetzblatt enthaltenen Bekanntmachung deutsche Gewerbetreibende einen entsprechenden Schutz genießen.

§. 12.

Dieses Gesetz tritt am   in Kraft.

6. Kritik des ersten Entwurfs.

Wenn die Regierung durch die Veröffentlichung des Vorentwurfs Material für die weitere Bearbeitung der Sache und für die Feststellung eines endgültigen, den gesetzgebenden Körperschaften vorzulegenden Entwurfs hatte gewinnen wollen, so ist dieser Zweck in vollem Umfang erreicht worden. Selten dürfte eine legislative Frage die öffentliche Aufmerksamkeit in gleichem Maße in Anspruch genommen haben, wie der hier vorliegende Gegenstand. Die gesammte Tages- und Fachpresse brachte eingehende Besprechungen; politische, wissenschaftliche, technische, kaufmännische Vereine in großer Zahl und Versammlungen, die für diesen Zweck einberufen wurden, nahmen Stellung; eine ganze Litteratur an Broschüren wuchs empor, und neben den einzelnen Handels- und Gewerbekammern säumten auch die großen wirthschaftlichen Interessenverbände nicht, ihre Auffassung in begründeten Gutachten darzulegen.

Man darf sagen, daß ein Einschreiten gegen den unlauteren Wettbewerb an sich von der weitaus überwiegenden Mehrzahl der öffentlichen Kundgebungen als wünschenswerth bezeichnet wurde. Darüber jedoch, ob dieser Wunsch ohne Gefährdung berechtigter Interessen überhaupt, und ob er auf dem im Entwurf eingeschlagenen Wege sich werde verwirklichen lassen, bestanden namentlich bei Beginn der öffentlichen Erörterung vielfache Zweifel und Meinungsverschiedenheiten. Man fürchtete, mit Bestimmungen, die sich gegen den unlauteren Wettbewerb richten, den Wettbewerb schlechthin zu treffen, die Beweglichkeit des Verkehrs, die Freiheit von Handel und Gewerbe zu hemmen und Chikanen herauszufordern, und man wollte daher die Unterdrückung der bestehenden Mißbräuche nach wie vor der privaten Selbsthülfe und der Wirksamkeit gemeinnütziger Vereine überlassen sehen. Man fand das vom Entwurf gewählte System einer Spezialisirung der unstatthaften Handlungen bedenklich, weil es naturgemäß nicht erschöpfend sein kann, während man von dem entgegengesetzten System einer den unlauteren Wettbewerb allgemein verbietenden Rechtsregel einen praktischen Erfolg nicht glaubte erwarten zu können. Die Einen wollten die gesetzgeberische Aktion auf das Gebiet des Civilrechts, die Anderen auf dasjenige des Strafrechts beschränken. Daneben gingen hinsichtlich der Einzelheiten des Entwurfs die Wünsche und Auffassungen außerordentlich auseinander, ein Umstand, der zum Theil in der Neuheit des Gegenstandes, überwiegend aber in der Verschiedenheit der bei den einzelnen Erwerbszweigen bestehenden Bedürfnisse seine Begründung findet.

Allmählig trat jedoch eine Klärung der Ansichten ein. Nachdem neben zahlreichen anderen großen Körperschaften der deutsche Handelstag, der Centralverband deutscher Industrieller, der Centralausschuß kaufmännischer gewerblicher und industrieller Vereine in Berlin, der Verein zur Wahrung der Interessen der chemischen Industrie dem Entwurf im Prinzip und vorbehaltlich der Aenderung von Einzelheiten zugestimmt hatten, fand diese Auffassung auch in weiteren Kreisen Eingang, und man überzeugte sich mehr und mehr, daß die Regierung zur Lösung der schwierigen Frage den richtigen und praktisch allein möglichen Weg eingeschlagen hatte.

Der Entwurf wurde unter sorgfältiger Berücksichtigung der laut gewordenen Bedenken einer Umarbeitung unterzogen und in einer nach mannigfachen Richtungen abgeänderten und ergänzten Gestalt im Mai 1895 dem Bundesrath vorgelegt. Er gelangte in dieser Form durch die Presse auch zur öffentlichen Kenntniß und gab zu erneuten Erörterungen Anlaß. Insbesondere beschäftigte sich der im September 1895 zu Bremen abgehaltene 23. deutsche Juristentag mit der Vorlage. Seine Stellung war, wenn man nach den erstatteten vorbereitenden Gutachten und nach dem mündlichen Vortrag des Berichterstatters urtheilen darf, im Allgemeinen zustimmend; zu einer endgültigen Beschlußfassung ist es jedoch nicht gekommen.

7. Die Verhandlungen im Reichstage.

Die Vorlage an den Reichstag konnte, da dessen Sitzungen gegen Ende Mai 1895 geschlossen wurden, erst bei Beginn der folgenden Tagung bewirkt werden (Nr. 35 der Drucksachen von 1895/96). Sie zeigt im Vergleich zu dem an den Bundesrath gelangten Vorwurf nur wenige, sachlich jedoch zum Theil bedeutsame Aenderungen und Zusätze. Die erste Berathung im Reichstag am 13. und 14. Dezember 1895 (Sten. Ber. S. 107 ff.) berührte neben der grundsätzlichen Seite der Frage, in deren Beurtheilung die Redner aller Parteien sich im Allgemeinen auf den Boden des Entwurfs stellten, auch zahlreiche Einzelheiten. Insbesondere wurden die schon bei der öffentlichen Diskussion des Entwurfs vielfach beanstandeten Bestimmungen über den Schutz von Geschäfts- und Betriebsgeheimnissen einer eingehenden, von sozialdemokratischer Seite mit großer Heftigkeit geführten Kritik unterzogen. Die Berathung endigte mit der Ueberweisung der Vorlage an eine Kommission von 21 Mitgliedern.

Die Kommission entledigte sich ihrer Aufgabe unter dem Vorsitze des Abgeordneten de Witt in zwei Lesungen, welche zusammen 11 Sitzungen in Anspruch nahmen. Eine förmliche Generaldiskussion fand nicht statt; indessen wurden bei Beginn der Berathungen die für das gesetzgeberische Vorgehen leitenden Gesichtspunkte und insbesondere auch die Frage eingehend erörtert, ob nicht ein allgemeines Verbot des unlauteren Wettbewerbes, sei es für sich allein, sei es in Verbindung mit den Sondervorschriften des Entwurfs sich empfehlen möchte. Die Kommission trat in dieser Frage der verneinenden Auffassung der Regierung bei. In der Spezialdiskussion der einzelnen Paragraphen erachtete man jedoch im Gegensatz zu der Regierung eine Verallgemeinerung wenigstens für die gegen die unwahre Reklame gerichteten Civilvorschriften für geboten. Zu diesem Zwecke wurde in § 1 des Entwurfs der Aufzählung der einzelnen Gegenstände, hinsichtlich deren unwahre Angaben verboten werden sollen, in Gestalt des Zusatzes „Angaben über geschäftliche Verhältnisse" eine Generalklausel vorangestellt. Im Uebrigen fand der grundlegende § 1 mit einigen Modifikationen, deren wichtigste eine Einschränkung der Verantwortlichkeit der Presse gegen Schadensersatzansprüche zum Gegenstand hat, Annahme. Die folgenden §§ 2 bis 4 begegneten keinem Widerspruche. Der die Quantitätsverschleierungen behandelnde § 5 erhielt nach längeren Diskussionen eine Einschränkung, welche die Flüssigkeitsmasse von dem Bereich der Verordnungsbefugniß des Bundesraths ausgeschlossen haben würde. Die §§ 6, 7 und 8 wurden, und zwar der § 8 mit einer praktisch bedeutsamen Erweiterung, angenommen.

Gegen die Bestimmungen über den Verrath von geschäftlichen und technischen Geheimnissen erhoben sich auch in der Kommission von verschiedenen Seiten gewichtige Bedenken; namentlich trat der Gesichtspunkt in den Vordergrund daß man das — ohnehin einer mißbräuchlichen Ausnutzung fähige — wirthschaftliche Uebergewicht der Prinzipale nicht durch Vorschriften stärken solle, welche die Beschränkung der Angestellten in der Verwerthung ihrer Kenntnisse und in ihrem späteren Fortkommen zur Folge haben könnten. Während die erste Lesung nach Ablehnung der Vorschläge des Entwurfs und sämmtlicher Abänderungsanträge mit einem negativen Ergebniß endigte, überzeugte sich die Kommission in zweiter Lesung, daß jenem Bedenken, insoweit es überhaupt begründet erscheine, jedenfalls durch Streichung derjenigen Vorschrift des Entwurfs volle Rechnung getragen werde, welche den nach Auflösung des Dienstverhältnisses sich vollziehenden Verrath eines Angestellten unter Strafe hatte stellen wollen. Mit dieser Maßgabe wurden die §§ 9 und 10 des Entwurfs — vorbehaltlich einiger weiterer Aenderungen von geringerer Bedeutung — zum Beschluß erhoben. Bei den Bestimmungen der §§ 11 bis 17 traten wesentliche Meinungsverschiedenheiten nicht hervor.

Ein ausführlicher Bericht der Kommission (Nr. 192 der Drucks.), von dem Abgeordneten Dr. Alexander Meyer verfaßt, diente den weiteren Berathungen im Plenum des Reichstags zur Grundlage.

Die zweite Lesung fand hier am 16. und 17. April 1896 statt (Sten. Ber. S. 1701 ff.); sie bestätigte durchgängig die Beschlüsse der Kommission, obschon regierungsseitig der Widerspruch gegen die in § 1 eingeschaltete Generalklausel und gegen die Einschränkung des § 5 wiederholt wurde. Auch die §§ 9 und 10 fanden nach längerer Diskussion in der von der Kommission vorgeschlagenen Fassung Annahme; ein erneuter Versuch der sozialdemokratischen Partei, diese Bestimmungen als ein Klassen- und Ausnahmegesetz zum Nachtheil der Angestellten zu charakterisiren, konnte — sachlich unbegründet, wie er war — keinen Erfolg haben. Nur zu §§ 1, 11 und 13 wurden einige Aenderungen von theilweise nur redaktioneller Bedeutung beschlossen (vergl. die Zusammenstellung Nr. 281 der Drucks.).

Die dritte Lesung am 7. Mai 1896 (Sten. Ber. S. 2171) führte einige weitere Verbesserungen in der Formulirung der §§ 1, 5 und 13 herbei; daneben entschied man sich auf dringendes Fürwort der Regierung für eine sachliche Ergänzung der Kommissionsbeschlüsse zu § 5 in dem Sinne, daß die Verordnungsbefugniß des Bundesraths auf die Regelung des Einzelverkehrs mit Flaschenbier erstreckt wurde.

In der hieraus sich ergebenden Fassung hat das Gesetz die Zustimmung des Bundesraths und unter dem 27. Mai 1896 die Kaiserliche Sanktion erhalten; es ist auf S. 145 des Reichsgesetzblattes veröffentlicht und tritt am 1. Juli 1896 in Kraft.

8. Inhalt des Gesetzes.

Das Gesetz zur Bekämpfung des unlauteren Wettbewerbes enthält Vorschriften:

gegen Ausschreitungen im Reklamewesen (§§. 1 bis 4),
gegen Quantitäts-Verschleierungen (§. 5),
gegen unwahre, dem Geschäftsbetriebe oder dem Kredit von Erwerbsgenossen nachtheilige Behauptungen (§§. 6 und 7),
gegen die auf Täuschung berechnete Benutzung von Namen, Firmen oder Geschäftsbezeichnungen (§. 8),
gegen den Verrath von Geschäfts- oder Betriebsgeheimnissen (§§. 9 und 10).

Die §§ 11 bis 15 geben allgemeine Bestimmungen rechtlicher Natur. Das Verhältniß zum Auslande ist im § 16 geregelt.

Der Titel des Gesetzes erscheint bei genauerer Betrachtung theils zu weit, theils zu eng gefaßt. Zu weit in so fern, als das Gesetz den Gegenstand nicht völlig erschöpft. Es ist bereits im Eingang dieser Darstellung hervorgehoben, daß einzelne Handlungen, welche unter den Begriff des unlauteren Wettbewerbes fallen oder fallen können, durch andere, selbstverständlich in unveränderter Geltung verbleibende Gesetze getroffen werden. Auch die bisher nicht verbotenen Erscheinungsformen des unlauteren Wettbewerbes finden in dem neuen Gesetz keineswegs eine abschließende Behandlung; dasselbe beschränkt sich darauf, die praktisch bedeutsamsten Fälle herauszugreifen. Auf der anderen Seite werden die im Gesetz abgegrenzten Thatbestände sich nicht immer als Akte des Wettbewerbes darstellen; beispielsweise kann die Herabsetzung eines Erwerbsgeschäftes durch bewußt unwahre Behauptungen (§ 7) auf Motiven beruhen, die außerhalb des Wettbewerbs liegen. — Dieser aus der Begriffsbestimmung sich ergebenden Bedenken unerachtet war es gesetzgeberisch richtig, an einem Titel festzuhalten, welcher vermöge der Diskussion der letzten Jahre im wissenschaftlichen und praktischen Sprachgebrauche sich eingebürgert hatte.

Das Gesetz richtete sich nicht gegen den Wettbewerb an sich. Der Wettbewerb ist ein unentbehrliches Element der Verkehrsentwickelung, der nationalen Wohlfahrt; er darf, insoweit er sich nicht unmoralischer Mittel bedient, auch da nicht gehindert oder eingeengt werden, wo er anderen Gewerbetreibenden lästig und unbequem ist. Selbst wenn wirthschaftliches Uebergewicht die Freiheit der Konkurrenz bis zur Erdrückung anderer Existenzen ausnutzt, ist vom Standpunkt eines Gesetzes, welches den unlauteren Wettbewerb verhindern will, ein Einschreiten nicht gerechtfertigt. Die Abhülfe gegen Mißstände, wie sie in Form von Ringbildungen, Boykotts 2c. nicht selten hervortreten, liegt auf einem anderen Gebiete der Gesetzgebung.

Das Gesetz hat sich aber auch nicht die Aufgabe gestellt, in Handel und Wandel jeder Unlauterkeit schlechthin, jedem Verstoß gegen die Gepflogenheiten eines ehrbaren Geschäftsmannes zu begegnen; es würde hiermit, wie die Motive bemerken, Unmögliches anstreben. Wenn jede Rechtsordnung nothwendig in der Moral wurzelt, so folgt hieraus nicht, daß positive Gebots- oder Verbotsvorschriften den gesammten

Bereich der sittlichen Anforderungen umspannen müssen. Ein allgemeines Verbot unlauteren Thuns ist, wie für die sonstigen menschlichen Beziehungen, so auch für das Gebiet des geschäftlichen Wettbewerbs nicht möglich und nicht durchführbar; es würde entweder überhaupt nicht zur praktischen Anwendung gelangen, oder, wenn angewendet, bei der Dehnbarkeit und Unbestimmtheit des Begriffs und bei der Verschiedenheit der Auffassungen über das, was als erlaubt und was als unerlaubt zu gelten hat, eine bedenkliche Rechtsunsicherheit zur Folge haben.

Wenn man diesem letzteren Bedenken die Erfahrungen entgegenzuhalten versucht, die der französische Gewerbestand mit der Handhabung des Art. 1382 des code civil gemacht hat, so ist doch zu berücksichtigen, daß es in Frankreich einer langen, fast hundertjährigen Rechtsentwickelung bedurft hat, um in der Anwendung jener Bestimmung nach mannigfachem Schwanken feste, den Gerichten ebenso wie dem Publikum geläufige Grundsätze herauszubilden. Die Verhältnisse des deutschen Verkehrslebens gestatteten es nicht, eine ähnliche Entwickelung mit langer Sicht abzuwarten. Die obwaltenden Mißstände erheischen nicht nur eine alsbaldige, sondern vor allem eine sichere, von Schwankungen in der juristischen Auslegung des Begriffs der Unlauterkeit unbeeinflußte Abhülfe. Nach diesen Gesichtspunkten hat das deutsche Gesetz auf die Aufstellung eines allgemeinen Rechtsgrundsatzes verzichtet und diejenigen Handlungen, die künftig als unerlaubt gelten sollen, unter genauer Bezeichnung der Thatbestandmerkmale in klar erkennbarer Weise umschrieben. Allerdings ist bei dem System der Spezialisirung eine völlig erschöpfende Aufzählung aller Fälle, welche sich als Bethätigungen eines unlauteren Geschäftsgebahrens darstellen können, nicht möglich; und es mag richtig sein, wenn die Gegner des Systems behaupten, daß die Unredlichkeit für ihre Zwecke hier und da einen Schleichweg ausfindig machen wird, der die Grenzen des Gesetzes nicht berührt und deshalb der Verfolgung entzogen bleibt. Der hierin liegende Nachtheil tritt aber weit zurück gegen den Vorzug größerer Rechtssicherheit. Auch konnte es zunächst nur darauf ankommen, bestimmte Mißbräuche zu treffen, die als gemeinschädlich erkannt worden sind. Zeigt die spätere Erfahrung, daß die erlassenen Vorschriften zu eng sind, so wird eine Vervollständigung des Gesetzes in Erwägung gezogen werden können. Bei der tief einschneidenden Bedeutung des Gegenstandes aber war es ein Gebot der Vorsicht, die ersten legislativen Maßnahmen auf den Umfang des durch die bisherige Praxis zweifellos nachgewiesenen Bedürfnisses zu beschränken.

Der Schutz gegen Uebertretungen des Gesetzes liegt auf dem civilrechtlichen und auf dem strafrechtlichen Gebiete. In ersterer Beziehung ist, wie es der Natur der Sache entspricht, ein Anspruch auf Unterlassung und auf Schadensersatz geschaffen. Zur Begründung der strafrechtlichen Bestimmungen bemerken die Motive folgendes:

> „Ueber die Frage, ob die Wirksamkeit des Rechtsschutzes durch Strafandrohungen sicherzustellen sei, sind die Meinungen getheilt. Für den verneinenden Standpunkt wird auf das Beispiel auswärtiger Gesetzgebungen hingewiesen, welche sich mehr oder weniger auf civilrechtliche Vorschriften beschränken; auch hat man die Besorgniß geäußert, durch Strafbestimmungen einen Anreiz zu unbegründeten und leichtfertigen Denunziationen zu schaffen. Dieses letztere Bedenken ist bis zu einem gewissen Grade berechtigt. Auch muß zugegeben werden, daß es grundsätzlich nicht nothwendig und nicht wünschenswerth ist, jede Ausschreitung im Konkurrenzkampfe, auch wenn sie nach ihrer Art oder nach dem Umfange des anderen zugefügten Schadens von geringer Erheblichkeit ist, zur strafrechtlichen Verantwortung zu ziehen. Für solche Fälle möchte es an sich wohl genügen, wenn der Geschädigte in den Stand gesetzt wird, im Wege der

Civilklage sich Genugthuung zu verschaffen, und es würde zur Anwendung öffentlicher Strafmittel selbst dann kaum ein Anlaß vorliegen, wenn jener auf die prozessuale Geltendmachung seines Anspruchs verzichtet. — Dieser Erwägung gegenüber muß jedoch zunächst die Thatsache in Betracht gezogen werden, daß der durch unlautere Geschäftspraktiken entstehende Schaden meistens über den Interessenkreis einzelner Gewerbetreibenden weit hinausgreift. Es sind Fälle zur Sprache gebracht, in denen die Veranstalter von Ausverkäufen durch schwindelhafte Vorspiegelungen für minderwerthige Waaren einen Absatz erzielt haben, der den Bedarf eines Ortes oder eines ganzen Bezirkes auf Jahre hinaus deckte und für den entsprechenden Zeitraum die Thätigkeit der übrigen in demselben Geschäftszweige arbeitenden Gewerbetreibenden nahezu lahm legte. Mißbräuche dieser Art sind als gemeinschädlich zu bezeichnen. Ihre Bekämpfung kann — wenn anders der redliche Geschäftsbetrieb einen ausgiebigen Schutz erhalten soll — von der durch mannigfache äußere Umstände bedingten Entschließung eines Einzelnen und von der Entscheidung einer Civilklage nicht grundsätzlich abhängig gemacht werden. Aber selbst wenn der angerichtete Schaden sich in engeren Grenzen hält, so stellt sich doch der unlautere Wettbewerb nach den Mitteln, die er anwendet, und nach den Zwecken, die er verfolgt, in zahlreichen Fällen als eine gröbliche Verletzung der die Grundlage des geschäftlichen Verkehrs bildenden Prinzipien von Treu und Glauben und somit als ein Bruch der allgemeinen Rechtsordnung dar, der vom sittlichen Standpunkte kaum milder zu beurtheilen ist, als Betrug, strafbarer Eigennutz oder Untreue. Das öffentliche Interesse erfordert, wie für diese Vergehen, so auch für schwerere Ausschreitungen im geschäftlichen Wettbewerbe eine strafrechtliche Sühne. Eine solche ist übrigens auf einem nahe verwandten Gebiete bereits vorgesehen, indem in dem Gesetze zum Schutze der Waarenbezeichnungen neben der unbefugten Verwerthung des Namens oder der eingetragenen Marke eines Anderen auch die unberechtigte Aneignung eines sonstigen Mittels zur Kennzeichnung von Waaren, sowie die Verwendung falscher Ursprungsangaben unter Strafe gestellt worden ist.

Unter diesen Umständen kann ein die Bekämpfung des unlauteren Wettbewerbes sich zur Aufgabe stellendes Gesetz auf das wirksamste und am meisten gefürchtete Gegenmittel, welches sich in der Androhung öffentlicher Strafe darbietet, nicht grundsätzlich verzichten."

Art und Maß der Strafe sind entsprechend der Verschiedenartigkeit der vom Gesetz behandelten Fälle verschieden festgesetzt. Während Zuwiderhandlungen gegen die nach § 5 vom Bundesrath zu erlassenden Vorschriften (Quantitätsverschleierungen) nur als Uebertretungen geahndet werden, ist im Uebrigen Geldstrafe bis zum Höchstbetrage von 1500, 2000 oder 3000 Mark oder Gefängniß bis zu sechs Monaten, neun Monaten oder einem Jahre angedroht. Nach Maßgabe des § 4 (trügerische Reklame) ist zunächst stets auf eine Geldstrafe zu erkennen; erst im Wiederholungsfall kann neben oder statt der Geldstrafe Haft oder Gefängniß verhängt werden. Die Strafverfolgung setzt, abgesehen von den Fällen des § 5, einen Antrag von Seiten des Geschädigten voraus und ist in der Regel im Wege der Privatklage zu bewirken.

Die Privatklage greift bisher nur bei Beleidigungen und leichten Körperverletzungen Platz; ihre Ausdehnung auf eine Reihe anderer Delikte (Hausfriedensbruch, schwere Körperverletzung, Bedrohung, strafbarer Eigennutz, Sachbeschädigung) ist in der Novelle zur Strafprozeßordnung, welche zur Zeit im Reichstage berathen wird (Drucks. Nr. 73), vorgesehen. Wenn das System der Privatklage auch dem unlauteren Wettbewerb gegenüber Anwendung finden wird, so beruht dies in erster Linie auf dem praktischen Gesichtspunkte, daß es im Interesse der Gewerbetreibenden und der Organe der Strafrechtspflege erwünscht ist, einer Häufung von unbegründeten und chikanösen Strafanzeigen entgegen zu wirken. Sodann aber ist es auch durch die Natur der hier in Frage kommenden Strafthaten, namentlich der Ausschreitungen im Reklamewesen gerechtfertigt, sie strafprozessual den Beleidigungen gleich zu behandeln. Hier wie dort handelt es sich um alltägliche Vorkommnisse, welche das allgemeine Wohl nicht immer, und auch das Interesse der Betheiligten häufig nur in so geringem Maße berühren, daß ein rechtliches oder sittliches Bedürfniß nicht besteht, stets eine Bestrafung herbeizuführen (vergl. die Motive zur Strafprozeßordnung S. 223). Insoweit aber durch besonders schwere Fälle das öffentliche Interesse verletzt erscheint, bietet zur Wahrung desselben die der Staatsanwaltschaft verbleibende Befugniß zum Einschreiten ausreichende Gelegenheit.

Das Gesetz hat die Bestimmungen über die Reklame als die praktisch wichtigsten an die Spitze gestellt (§§ 1 bis 4). Die Reklame gilt als unstatthaft, wenn sie über geschäftliche Verhältnisse öffentlich unrichtige thatsächliche Angaben macht, welche geeignet sind, den Anschein eines besonders günstigen Angebotes hervorzurufen. Für diesen Fall ist zunächst jedem Mitbewerber, sowie gewerblichen Verbänden, soweit letztere prozeßfähig sind, unabhängig von dem Nachweis eines besonderen Interesses ein im Wege des Civilprozesses zu verfolgender Anspruch auf Unterlassung der unrichtigen Angaben eingeräumt. Daneben darf unter der ferneren Voraussetzung, daß der Urheber der Angaben deren Unrichtigkeit kannte oder kennen mußte, jeder Mitbewerber Ersatz des ihm erwachsenen Schadens verlangen. Strafrechtliche Verfolgung tritt alsdann ein, wenn die Angaben auf bewußter Unwahrheit und auf Täuschungsabsicht beruhen.

Quantitätsverschleierungen im Sinne des § 5 sind schwer bemerkbare Verkleinerungen des sonst üblichen Mengenverhältnisses, wie solche beim Einzelverkauf gewisser Waaren, namentlich Garn und Bier, häufig vorkommen. Zur Verhinderung dieses Mißbrauchs gewährt das Gesetz — hier unter Verzicht auf die Spezialisirung des Thatbestandes — dem Bundesrath die Ermächtigung, im Wege einer Polizeivorschrift die Angabe der Menge auf der Waare anzuordnen, oder den Verkehr an bestimmte Mengeneinheiten dergestalt zu binden, daß beispielsweise Garn nur in Gebinden von 10, 20, 30 u. s. w. Gramm abgegeben werden darf. Zuwiderhandlungen werden als Uebertretungen von Amtswegen verfolgt; eine Civilklage findet nicht statt.

Die Bestimmungen gegen die Herabsetzung, Anschwärzung eines anderen Gewerbetreibenden (§§ 6 und 7) bilden eine Erweiterung der Vorschrift in § 187 des Strafgesetzbuchs über die verleumderische Kreditgefährdung. Diese Erweiterung beruht auf der Erwägung, daß unwahre Ausstreuungen in nicht seltenen Fällen den Kredit des Betroffenen unberührt lassen, seinen Geschäftsbetrieb aber empfindlich schädigen können. Während die Strafandrohung auf die Fälle der bewußten Unwahrheit sich beschränkt, ist eine civilrechtliche Schadensersatz- und eine Unterlassungsklage schon alsdann gegeben, wenn die Behauptungen nicht erweislich wahr sind. Die Behauptungen müssen sich, ebenso wie bei den §§ 1 und 4, auf Thatsachen beziehen. Abfällige Urtheile über einen Mitbewerber fallen, auch wenn sie objektiv unrichtig sind, nicht unter die Vorschriften der §§ 6 und 7.

Die folgende Vorschrift (§ 8) dient zur Vervollständigung des im Handelsgesetzbuch und im Waarenbezeichnungsgesetz gegebenen Schutzes gegen die unbefugte Verwerthung fremder Namen, Firmen und Geschäftsbezeichnungen. Es ist eine ganz besonders nachtheilige Form des unlauteren Wettbewerbes, wenn Jemand die zufällige oder die künstlich herbeigeführte Uebereinstimmung seines Namens &c. mit demjenigen eines anderen im Geschäftsverkehr angesehenen Gewerbetreibenden zu Konkurrenzzwecken auszubeuten versucht. Die Erfahrungen einzelner großen Geschäftshäuser (z. B. auf dem Gebiete der Herstellung von Kölnischem Wasser, von Bleistiften, von Pianinos) liefern hierfür einen kennzeichnenden Beweis; aber auch Betriebe von geringerem Umfang können auf dem angedeuteten Wege empfindlich geschädigt werden. Das Gesetz sucht Abhülfe zu schaffen, indem es dem Geschädigten die Möglichkeit gewährt, durch eine Unterlassungsklage die auf Verwechselungen berechnete Art der Benutzung eines Namens 2c. zwangsweise zu inhibiren. Daneben kann Ersatz des entstandenen Schadens beansprucht werden. Eine kriminelle Verfolgung des Mißbrauchs ist nicht vorgesehen.

Der Schutz der Geschäfts- und Betriebsgeheimnisse (§§ 9 und 10) war bei der Vorbereitung des Gesetzes der schwierigste und meist umstrittene Punkt. Die Schwierigkeit lag zum Theil in der technischen Formulirung des gesetzgeberischen Gedankens, überwiegend aber in der Nothwendigkeit, bei dem Widerstreit der Interessen der Geschäftsherren auf der einen Seite und der Angestellten auf der anderen Seite einen billigen Ausgleich zu finden. Die Regierung war von der Auffassung ausgegangen, daß die Sicherung gegen einen Vertrauensbruch seitens eines Angestellten, um vollwirksam zu sein, nothwendig über die Dauer des Dienstverhältnisses hinaus ausgedehnt werden müsse. Zu diesem Zweck war in § 7 des ersten, im Januar 1895 veröffentlichten Entwurfs (vergl. oben Seite 17) die Schweigepflicht des Personals und im Zusammenhang hiermit das Verbot jedweder Verwerthung eines dem Geschäftsherren angehörenden Geheimnisses auf die Zeit bis zum Ablauf von zwei Jahren seit Beendigung des Dienstverhältnisses erstreckt. Die lebhaften Anfechtungen, welche hiegegen vom Interessenstandpunkte der Angestellten aus auch in den

Kreisen der Prinzipale sich erhoben, veranlaßten eine völlige Umgestaltung jenes ersten Vorschlages. Der an den Reichstag gelangte Entwurf wollte die Schweigepflicht grundsätzlich auf die Vertragszeit beschränken und sie darüber hinaus nur in so weit gelten lassen, als der Angestellte die schriftliche, den Gegenstand des Geheimnisses ausdrücklich bezeichnende Zusicherung der Verschwiegenheit abgegeben haben würde. Aber auch dieser Ausweg stieß auf Widerspruch; es wurde namentlich die Besorgniß laut, daß den Angestellten allzu weit gehende, ihrem späteren Fortkommen hinderliche Zusicherungen abgenöthigt werden könnten. Und so ist denn — dem Beschlusse des Reichstags gemäß — die gegen den Verrath von Geheimnissen sich richtende Strafsanktion den Angestellten gegenüber auf die Geltungsdauer des Dienstverhältnisses begrenzt worden. Daneben aber wird nach dem Vorschlage der Regierung auch demjenigen Strafe angedroht, welcher ein fremdes Geschäfts- oder Betriebsgeheimniß, dessen Kenntniß er durch den Treubruch eines Angestellten oder durch eine eigene rechtswidrige Handlung erlangt hat, unbefugt verwerthet oder weiter mittheilt. Die Anstiftung eines Angestellten zum Verrath ist, wenn sie thatsächlich zum Verrath geführt hat, nach § 48 des Strafgesetzbuchs strafbar; der erfolglose Versuch der Anstiftung wird durch eine Sonderbestimmung des Gesetzes (§ 10) unter Strafe gestellt. — Daß der strafrechtlichen Verantwortlichkeit eine civilrechtliche in Form der Verpflichtung zum Schadensersatz an die Seite gestellt worden ist, entspricht dem System des Gesetzes.

Von den allgemeinen Bestimmungen rechtlicher Natur mag an dieser Stelle noch die den civilrechtlichen Ansprüchen gesetzte kurze Verjährungsfrist (§ 11) und die Veröffentlichung der Straf- und Civilurtheile (§ 13) erwähnt werden.

9. Was das Verhältniß zu anderen Gesetzen betrifft, so ist davon auszugehen, daß das Gesetz zur Bekämpfung des unlauteren Wettbewerbes den Gegenstand nicht abschließend behandelt. Es greift vielmehr, wie schon bemerkt, nur einzelne, wenn auch für die geschäftliche Praxis besonders bedeutsame Fälle heraus. Schon hieraus ergiebt sich, daß mit dem Inkraftreten des neuen Gesetzes ältere, auf den Gegenstand bezügliche Bestimmungen nicht ohne Weiteres ihre Geltung verloren haben. Namentlich hat im Bereich des französischen Rechts die allgemeine Vorschrift in Art. 1382 des code civil auf diejenigen Rechtsverhältnisse nach wie vor Anwendung zu finden, welche nicht unter die besonderen Vorschriften des neuen Gesetzes fallen. Und nach Verabschiedung des Bürgerlichen Gesetzbuchs wird die Bestimmung in § 810 des jetzt dem Reichstage vorliegenden Gesetzentwurfs (Nr. 87 der Drucks.):

> „Wer durch eine Handlung, die er nicht in Ausübung eines ihm zustehenden Rechtes vornimmt, in einer gegen die guten Sitten verstoßenden Weise einem Anderen vorsätzlich Schaden zufügt, ist dem Anderen zum Ersatz des Schadens verpflichtet,"

auch den Bethätigungen des unlauteren Geschäftsgebahrens gegenüber alsdann Platz greifen, wenn die Sondervorschriften unseres Gesetzes versagen. Auch strafrechtliche Bestimmungen älteren Datums bleiben unberührt. Insoweit ein und derselbe Akt des unlauteren Wettbewerbes neben der Strafvorschrift des neuen Gesetzes noch eine andere Strafvorschrift, beispielsweise eine Bestimmung des Waarenbezeichnungsgesetzes oder den Betrugsparagraphen des Strafgesetzbuchs verletzt, — ein Fall der häufig eintreten kann — gelangt nach § 73 des Strafgesetzbuchs dasjenige Gesetz zur Anwendung, welches die schwerste Strafe oder die schwerste Strafart androht.

10. Die Litteratur

des unlauteren Wettbewerbes ist für das deutsche Rechtsgebiet, auf das unsere Bemerkungen sich beschränken müssen, in den letzten Jahren stark angewachsen. Das Verdienst einer ersten umfassenden wissenschaftlichen Behandlung der Materie gebührt Kohler (das Recht des Markenschutzes, Würzburg 1884). Vor ihm sind noch zu erwähnen Dreyer (Mittheilungen aus der französischen Rechtsprechung in Goldschmidts Zeitschrift für das gesammte Handelsrecht Bd. 20 S. 258) und Mayer (die concurrence déloyale in derselben Zeitschrift Bd. 26 S. 363); beide behandeln jedoch den Gegenstand ausschließlich vom Standpunkt des französischen Rechts aus. Der 19. deutsche Juristentag hat die Frage des Schutzes der Geschäfts- und Betriebsgeheimnisse im Jahre 1888 eingehend erörtert (Drucks. Bd. 1 S. 71 und Bd. 3 S. 238). Zwei Broschüren von Alexander-Katz (Die unredliche Konkurrenz, Berlin 1892) und von Bachem (Der unlautere Wettbewerb, Köln 1892), ferner ein Artikel von Bähr (Der Schutz der Gewerbetreibenden gegen unlauteren Wettbewerb in den „Grenzboten" 1893 S. 241) haben die auf ein gesetzgeberisches Eingreifen hindrängende Bewegung wesentlich gefördert. Auf eine Sammlung typischer Fälle des unlauteren Geschäftsgebahrens von Stegemann (Braunschweig 1894) ist schon oben (S. 14) hingewiesen. — Von den überaus zahlreichen Besprechungen und Kritiken des Entwurfs zu dem nunmehr verabschiedeten Gesetz mögen folgende genannt werden:

Bähr, Der Gesetzentwurf zur Bekämpfung des u. W. (Grenzboten 1895 S. 157).
Böttger, Zur Bekämpfung des u. W. (Braunschweig 1895).
Damme, Der Schutz der Geschäfts- und Betriebsgeheimnisse (Preußische Jahrbücher 1895 S. 62).
Gewallig, Die gesetzlichen Bestrebungen des Reichs zur Bekämpfung des u. W. (München 1895).
Gierke, Der Rechtsgrund des Schutzes gegen u. W. (Zeitschrift für gewerbl. Rechtsschutz 1895 S. 109).

Gottschalk, Das Gesetz über den u. W. (Berlin 1895).
Haeuser, Ueber den u. W. (Zeitschr. f. gew. Rechtsschutz 1895 S. 25).
Kohler, Ueber den u. W. und seine Behandlung im Recht (Deutsche Rundschau 1894 S. 1221).
Kulemann, Das Kleingewerbe (Göttingen 1895 S. 138).
Reuling, Der u. W. (Berlin 1895).
Rosenthal, U. W. (Handwörterbuch der Staatswissenschaften, Supplementband S. 869, woselbst auch weitere Litteraturangaben).
Stieda, U. W. (Jahrbücher für Nationalökonomie 1896 S. 74).
Verhandlungen des 23. deutschen Juristentages (Bd. 2 S. 461) nebst den vorbereitenden Gutachten von Alexander-Katz und Scherer.
Wermert, Ueber den u. W. (Halle a. S. 1895).

III.

Erläuterungen.

Wir **Wilhelm**, von Gottes Gnaden Deutscher Kaiser, König von Preußen ꝛc.

verordnen im Namen des Reichs nach erfolgter Zustimmung des Bundesraths und des Reichstags, was folgt:

§. 1.[1])

Wer[2]) in öffentlichen Bekanntmachungen[3]) oder in Mittheilungen, welche für einen größeren Kreis von Personen bestimmt sind,[3]) über geschäftliche Verhältnisse,[4]) insbesondere über die Beschaffenheit,[5]) die Herstellungsart[6]) oder die Preisbemessung[7]) von Waaren[8]) oder gewerblichen Leistungen,[8]) über die Art des Bezuges[9]) oder die Bezugsquelle[10]) von Waaren, über den Besitz von Auszeichnungen,[11]) über den Anlaß oder den Zweck[12]) des Verkaufs unrichtige Angaben thatsächlicher Art[13]) macht, welche geeignet sind, den Anschein eines besonders günstigen Angebots[14]) hervorzurufen, kann auf Unterlassung[15]) der unrichtigen Angaben in Anspruch genommen werden. Dieser Anspruch kann von jedem Gewerbetreibenden,[16]) der Waaren oder Leistungen gleicher oder verwandter Art herstellt oder in den geschäftlichen Verkehr bringt, oder von Verbänden[16]) zur Förderung gewerblicher Interessen geltend gemacht werden, soweit die Verbände als solche in bürgerlichen Rechtsstreitigkeiten klagen können.[16])

Neben dem Anspruch auf Unterlassung der unrichtigen Angaben haben die vorerwähnten Gewerbetreibenden auch Anspruch auf Ersatz des durch die unrichtigen Angaben verursachten Schadens[17]) gegen denjenigen, der die Angaben gemacht hat, falls dieser ihre Unrichtigkeit kannte oder kennen mußte. Der Anspruch auf Schadensersatz kann gegen Redakteure,[18]) Verleger, Drucker oder Verbreiter von periodischen Druckschriften nur geltend gemacht werden, wenn dieselben die Unrichtigkeit der Angaben kannten.

Die Verwendung von Namen, welche nach dem Handelsgebrauch zur Benennung gewisser Waaren dienen, ohne deren Herkunft bezeichnen zu sollen, fällt unter die vorstehenden Bestimmungen nicht.[19])

Im Sinne der Bestimmungen des Absatzes 1 und 2 sind den Angaben thatsächlicher Art bildliche Darstellungen und sonstige Veranstaltungen[20]) gleich zu achten, die darauf berechnet und geeignet sind, solche Angaben zu ersetzen.

Unter Waaren im Sinne dieses Gesetzes sind auch landwirthschaftliche Erzeugnisse,[21]) unter gewerblichen Leistungen auch landwirthschaftliche zu verstehen.

Zu § 1.

1) **Zur allgemeinen Begründung** der gegen die unlautere Reklame gerichteten Bestimmungen bemerken die Motive:

„Die Reklame ist ein im Geschäftsleben allgemein verbreitetes und als unentbehrlich geltendes Hülfsmittel zur Heranziehung von Kunden. Ihre Bedeutung beruht in der Neigung des Publikums, bei der Entschließung über den Erwerb von Waaren und bei der Auswahl unter den verschiedenen Erwerbsgelegenheiten dem in augenfälliger und anpreisender Form sich kundgebenden Angebot Gehör zu schenken. Die Vermehrung der Verkehrsmittel, mannigfache Erleichterungen in der Benutzung derselben, die wachsende Ausbreitung des Zeitungswesens, die Entwickelung der polygraphischen Gewerbe haben mit anderen Umständen zusammengewirkt, um die Publizität geschäftlicher Ankündigungen zu erleichtern und hiermit deren Bedeutung für das Verkehrsleben zu erhöhen.

Solange die Reklame sich innerhalb der durch die Anforderungen von Treu und Glauben gezogenen Grenzen bewegt, ist kein Grund vorhanden, ihr Hindernisse in den Weg zu legen. Den Gewohnheiten und Bedürfnissen des heimischen und des internationalen Verkehrs entsprechend muß — wie die Wahl der Form für geschäftliche Angebote, so auch die lobende Beurtheilung der eigenen Waaren oder Leistungen jedem Gewerbetreibenden frei stehen. Selbst Uebertreibungen in dieser Richtung können von der Rechtsordnung nicht gehindert werden; der Versuch, die Verwendung von Bezeichnungen wie „ausgezeichnete Qualität, reichste Auswahl, billige Preise" und dergleichen im Wege einer gesetzlichen Zwangsvorschrift auf diejenigen Fälle einzuschränken, in denen dieses Urtheil objektiv berechtigt ist, müßte — von anderen Bedenken abgesehen — an der Schwierigkeit einer hierauf bezüglichen Feststellung scheitern.

Anders liegt die Sache, sobald die Reklame zur Vorspiegelung unwahrer Thatsachen greift. Sie hat alsdann nach der allgemeinen Rechtsauffassung wie auch nach den Anschauungen des Verkehrs die Grenze des Erlaubten überschritten; ein Eingreifen der Gesetzgebung ist also grundsätzlich gerechtfertigt und überdies prozessual durchführbar, da hier der Nachweis der objektiven Unrichtigkeit im Allgemeinen unschwer zu führen ist. Es würde indessen über die Ziele des Gesetzes hinausgreifen, wenn man unwahre thatsächliche Angaben schlechthin wegen ihrer Unwahrhaftigkeit und ohne Rücksicht auf die Wirkung, welche sie im Verkehr ausüben können, zur Verantwortung ziehen wollte. Ein praktisches Bedürfniß zur Verfolgung besteht nur insoweit, als Unwahrheiten nach dem Gegenstande, auf den sie sich beziehen, geeignet sind, das Angebot als ein besonders günstiges erscheinen zu lassen und dadurch zum Nachtheil redlicher Mitbewerber Kunden anzulocken."

2) **Wer . . . unrichtige Angaben . . . macht.** Den in § 1 bestimmten Rechtsfolgen unterliegen neben dem Geschäftsinhaber, der in eigenem Interesse unrichtige Angaben macht, auch die Angestellten, Gehülfen, Reisenden, soweit diese Personen auf Grund eigener Entschließung handeln. Bloß ausführende Organe, wie z. B. Austräger, Geschäftsboten 2c. werden nicht getroffen; der Anspruch ist in diesem Falle gegen denjenigen zu richten, welcher solcher Organe sich bedient, also der Regel nach gegen den Geschäftsherrn. Auch Personen, welche nicht im Verbande des Geschäftsbetriebes stehen, zu dessen Gunsten sie unrichtige Angaben verbreitet haben, können haftbar gemacht werden, z. B. der Verfasser von Zeitungsartikeln, unter Umständen auch der Redakteur einer Zeitung. Für Inserate wird in der Regel die Verantwortlichkeit dem Inserenten zufallen.

3) **Oeffentliche Bekanntmachungen oder Mittheilungen, welche für einen größeren Kreis von Personen bestimmt sind.** Die Absicht des ersten Entwurfs (vergl. S. 15), alle im geschäftlichen Verkehr gemachten unrichtigen Angaben in die Haftbarkeit einzubeziehen, ist als zu weitgehend aufgegeben worden. Die Angaben müssen also in Gestalt von Bekanntmachungen, von Rundschreiben, Cirkularen, Plakaten in Schaufenstern, Läden, Litfaßsäulen oder in einer ähnlichen auf die Kenntnißnahme einer Mehrzahl von Personen berechneten Form an die Oeffentlichkeit getreten oder wenigstens für die Oeffentlichkeit bestimmt sein. Auch mündliche Kundgebungen, soweit sie einen öffentlichen Charakter haben (z. B. durch Ausrufer, bei Auktionen) sind einbegriffen. Aeußerungen einem einzelnen Kunden gegenüber fallen jedoch an sich nicht unter das Gesetz, selbst wenn sie anderen Kunden gegenüber wiederholt werden, oder wiederholt zu werden bestimmt sind.

4) **Geschäftliche Verhältnisse.** Die in dem Begriff liegende Verallgemeinerung der gegen die unwahre Reklame gerichteten civilrechtlichen Vorschrift ist auf einen Beschluß des Reichstages zurückzuführen. Die Regierung hatte bei der Feststellung des Entwurfs (Mot. S. 12), wie auch bei den Verhandlungen innerhalb des Reichstags (Komm.Ber. S. 6, Sten. Ber. S. 1708) nachdrücklich den Standpunkt vertreten, daß es dem System des Gesetzes entspreche und dem praktischen Bedürfnisse genüge, die Verfolgung unrichtiger Angaben nur dann zuzulassen, wenn letztere bestimmte, im Gesetz speziell namhaft zu machende Gegenstände (Beschaffenheit, Herstellungsart von Waaren u. s. w.) betreffen. Dem gegenüber gewann jedoch die Ansicht Oberhand, daß eine Aufzählung, selbst wenn man sie gegenüber dem Entwurf nach einzelnen Richtungen hin ergänze, doch stets unvollständig und willkürlich bleiben müsse. Es sei unbegründet und rechtsverwirrend, die Verfolgung von Unwahrheiten im Reklamewesen auf gewisse Gegenstände zu beschränken, andere Gegenstände aber, welche für die Beurtheilung eines Angebots in gleichem Maße von Bedeutung sein können, der Lüge preiszugeben. Die Konsequenz und das Bedürfniß eines durchgreifenden Schutzes gegen die unlautere Reklame erfordere — wenigstens für das Gebiet des Civilrechts — die gleichmäßige Behandlung aller falschen Angaben.

Nach Maßgabe des hiernach in das Gesetz aufgenommenen Zusatzes sind falsche Angaben über geschäftliche Verhältnisse allgemein und ohne Rücksicht auf den besonderen Gegenstand, den sie betreffen, mit der Unterlassungs- und der Schadensersatzklage des § 1 verfolgbar. Außer den in § 1 besonders genannten Gegenständen fallen also unter die Bestimmung dieses Paragraphen zunächst noch diejenigen Gegenstände, welche der Regierungsentwurf als minder erheblich absichtlich hatte frei lassen wollen: die Menge der vorhandenen Vorräthe, das Alter, die Ausdehnung, der Absatz eines Geschäftes, der Besitz von Zweigniederlassungen, von Dankschreiben und Anerkennungen, der Ursprung von Waaren u. dergl. Darüber hinaus aber umfaßt die verallgemeinerte Bestimmung alle Angaben, die zum Geschäfte, zu Art, Umfang, Einrichtung des Betriebes, zu den Modalitäten des Absatzes, zu den verfügbaren Mitteln, aufgewendeten Kosten, zu der geschäftlichen Qualifikation des Geschäfts-Inhabers und seiner Angestellten mittelbar oder unmittelbar in Beziehung stehen.

Eine genaue Abgrenzung der praktischen Tragweite des Begriffs ist selbstverständlich nicht möglich. Es muß der Beurtheilung des einzelnen Falls überlassen bleiben, ob eine öffentlich gemachte unrichtige Angabe thatsächlicher Art, welche den Anschein eines besonders günstigen Angebots hervorzurufen geeignet ist, geschäftliche Verhältnisse zum Gegenstande, oder ob sie einen anderen, etwa einen rein persönlichen oder einen wissenschaftlichen, künstlerischen rc. Inhalt hat. In den letzteren Fällen bleibt, auch wenn die sonstigen Voraussetzungen des § 1 vorliegen, die Verantwortlichkeit ausgeschlossen.

Vermöge der Einschaltung der Generalklausel „geschäftliche Verhältnisse" hat die sich anschließende, mit dem Wort „insbesondere" eingeleitete Aufzählung der einzelnen Fälle für den Anwendungsbereich des § 1 einen lediglich exemplifikatorischen und erläuternden Charakter angenommen. Für den Anwendungsbereich des § 4 ist jedoch die Aufzählung von dispositiver Bedeutung geblieben, da die strafrechtliche Verantwortlichkeit nur falsche Angaben über die einzeln bezeichneten Gegenstände trifft. Diese Gegenstände fallen zusammen mit denjenigen Gegenständen, welche in § 1 nach der ihm vom Gesetz gegebenen Fassung als Beispiele aufgeführt sind. Eine nähere Erörterung der Einzelfälle ist daher für die Zwecke unserer Darstellung unentbehrlich, und aus Gründen der Uebersichtlichkeit schon an dieser Stelle vorzunehmen.

5) **Beschaffenheit.** Der Begriff bezeichnet die Gesammtheit der Eigenschaften einer Waare oder gewerblichen Leistung. Bei Waaren kommen namentlich die Bestandtheile und die Zusammensetzung in Betracht. Die Motive nennen als typisches Beispiel den Fall, daß halbseidene Stoffe unter der Bezeichnung als reinseidene zu einem Preise ausgeboten worden, welcher dem wirklichen Werthe der halbseidenen Waare entspricht. Gegen die Verfälschung von Dünge- und Futtermitteln und von Saatgut ist dem Vernehmen nach ein Sondergesetz in Vorbereitung; auch nachdem ein solches verabschiedet sein wird, können, falls nicht Entgegenstehendes bestimmt werden sollte, unrichtige Angaben über die Beschaffenheit der genannten Erzeugnisse mit den Rechtsmitteln des vorliegenden Gesetzes verfolgt werden.

6) **Herstellungsart.** Hierunter fällt z. B. die fälschliche Bezeichnung eines Gegenstandes als Natur- oder Kunstprodukt, als Hand- oder Fabrikarbeit.

7) **Preisbemessung.** Angaben über den Werth einer Waare werden sich im Allgemeinen als ein Urtheil darstellen und somit auch im Fall ihrer objektiven Unrichtigkeit nicht verfolgbar sein. Unter Preisbemessung versteht das Gesetz die Art der Festsetzung und Berechnung des Preises. In den Motiven wird erläuternd darauf hingewiesen, daß nicht selten der Wahrheit zuwider Waaren als unter dem Einkaufspreis erhältlich ausgeboten werden, oder daß in Annoncen, in Schaufensterauslagen billigere Preise zur Ankündigung gelangen, als sie beim Kauf thatsächlich in Rechnung gestellt werden. Nur falsche Angaben über die Preisbemessung sind unzulässig. Die Preisbemessung an sich bleibt dem Belieben des Verkäufers anheimgestellt; es kann ihm zum Beispiel nicht verwehrt werden, den Preis für einzelne Waaren (sog. Fangartikel) ungewöhnlich niedrig festzusetzen, um hierdurch auch für andere Gegenstände einen erhöhten Absatz zu erwirken.

8) **Waaren oder gewerbliche Leistungen.** Waare ist alles, was Gegenstand des Handelsverkehrs werden kann; der Begriff umfaßt

auch land- und forstwirthschaftliche, gärtnerische Erzeugnisse, sowie Heilmittel.

Die gewerblichen Leistungen bilden den Gegensatz zu künstlerischen und wissenschaftlichen Leistungen, welche nicht getroffen werden sollen. Im Uebrigen greift der Begriff weit über den Geltungsbereich der Gewerbeordnung hinaus. Gewerbliche Leistungen im Sinne dieses Gesetzes kommen u. A. auch in Betracht bei Landwirthen, Viehzüchtern, Gärtnern, Fischern, bei Aerzten (insbesondere auch bei den sog. Naturärzten) und Apothekern, bei Versicherungs-, Eisenbahn- und Transportunternehmern.

9) **Art des Bezuges.** Als Beispiel ist in den Motiven genannt die fälschliche Angabe, daß die Waare direkt ohne Zwischenhändler — in Eis verpackt — in der Originalfüllung — durch Karawane (Thee) bezogen sei.

10) **Bezugsquelle.** Der in seiner begrifflichen Bedeutung nicht ganz zweifelfreie Ausdruck soll Ursprungsangaben von anderem als geographischem Charakter bezeichnen. Die fälschliche Verwendung von Ortsnamen in geschäftlichen Ankündigungen ist, soweit sie als unerlaubt gelten muß, durch § 16 des Waarenbezeichnungsgesetzes getroffen; hier soll daher Täuschungen entgegengewirkt werden, wie sie durch anderweitige falsche Hinweise auf die Herkunft von Waaren (z. B. Domänenbutter — aus einem Konkurse, einem Nachlasse herrührend) häufig versucht werden (vergl. Motive).

11) **Besitz von Auszeichnungen.** Gedacht ist vor Allem an gewerbliche Auszeichnungen, wie solche in Form von Medaillen, Diplomen 2c. von Ausstellungen und ähnlichen Veranstaltungen, von Vereinen oder Körperschaften verliehen zu werden pflegen. Die Bestimmung richtet sich gegen denjenigen, welcher sich des Besitzes einer Medaille rühmt, die er entweder überhaupt nicht, oder nicht in dem angegebenen Grade, oder nicht von der angegebenen Veranstaltung, oder nicht für die angegebenen Leistungen erhalten hat. Daneben kommen auch staatliche Auszeichnungen, Orden oder Ehrenzeichen in Betracht. Während das unbefugte Tragen eines Ordens 2c. durch § 360, 8 des Strafgesetzbuchs verboten ist, werden hier auch andere Formen der Benutzung, z. B. die unberechtigte Darstellung von Ordensinsignien in Zeitungsinseraten, Briefformularen 2c. getroffen.

Belobigungen von privater Seite, Anerkennungsschreiben, Nachbestellungen u. dergl. gelten nicht als „Auszeichnung" im Sinne des Gesetzes; jedoch fallen unrichtige Angaben hierüber unter die auf „geschäftliche Verhältnisse" bezügliche Generalklausel (vergl. Nr. 4 zu § 1) und begründen daher eine civilrechtliche Haftung.

12) **Anlaß oder Zweck des Verkaufs.** Die Motive bemerken:

„Außerordentlich häufig findet man dem Angebote von Waaren einen mehr oder minder ausführlichen Hinweis auf den Anlaß oder den Zweck des Angebots beigegeben. Der Inseratentheil vieler Zeitungen ist mit Anzeigen gefüllt, denen zufolge „„wegen Aufgabe des Geschäfts, wegen Abbruchs des Hauses, Fortzugs halber, anläßlich des Ankaufs einer Konkursmasse"" und aus ähnlichen Gründen einzelne Gegenstände oder der Bestand eines Waarenlagers zum Verkaufe gestellt werden; Schaufenster zeigen häufig Plakate ähnlichen Inhalts. Dem Angebot von Möbeln, Kunstsachen, Musikinstrumenten und sonstigen Gegenständen des häuslichen Gebrauchs sucht man eine erhöhte Wirkung zu sichern, indem man den Schein erweckt, als ob es sich um einen gelegentlichen Verkauf handle, zu dem eine Privatperson durch mißliche Familien- oder Vermögensverhältnisse sich gedrängt sehe. Es wird fälschlicherweise die Beschädigung der Waare durch Feuer oder Wasser vorgespiegelt; und selbst der mehr oder weniger verhüllte Hinweis auf strafbare Handlungen, die in der That nicht begangen sind (z. B. Schmuggel), wird nicht verschmäht, um der Leichtgläubigkeit des Publikums die Nothwendigkeit einer schleunigen Räumung des Bestandes und billigster Preisstellung anschaulich zu begründen. Zu dem gleichen Zweck bedient sich der unlautere Wettbewerb mit besonderer Vorliebe des Mittels, den Verkauf von Waaren als Ausverkauf in augenfälliger Form anzukündigen, während in Wirklichkeit ein Ausverkauf, d. h. eine Veräußerung der vorhandenen Vorräthe zum Zweck der Beendigung, sei es des Geschäftsbetriebes im Ganzen, sei es des Verkaufs einer gewissen Waarengattung, nicht beabsichtigt ist, vielmehr eine regelmäßige oder gelegentliche Vervollständigung des Lagers durch Beschaffung (Nachschiebung) neuer Waaren stattfindet. Diese sogenannten permanenten Ausverkäufe sind namentlich in den mittleren Schichten unserer Gewerbetreibenden Gegenstand vielfacher Beschwerden, die vom Standpunkte des ehrenhaften Wettbewerbes aus völlig berechtigt erscheinen. Sie fallen unter den Thatbestand des Entwurfs, sofern durch die Vorspiegelung eines Ausverkaufs der Wahrheit zuwider der Anschein erweckt werden soll, als ob die Räumung von Vorräthen, die nicht wieder ergänzt und daher billig abgegeben werden sollen, beabsichtigt sei. Hinsichtlich der nachträglich beschafften Waaren aber, deren An-

> gebot unter dem Aushängeschild eines fortgesetzten Ausverkaufs erfolgt, wird die Anwendbarkeit des Gesetzes je nach der Sachlage dadurch begründet sein, daß über Anlaß oder Zweck des Verkaufs, oder über die Bezugsquelle unrichtige Angaben gemacht sind."

Auf den gemeinschädlichen Charakter des in Form von Ausverkäufen betriebenen Mißbrauchs ist schon bei der Begründung der Nothwendigkeit eines strafrechtlichen Einschreitens hingewiesen (vergl. S. 28). Daß dieser Mißbrauch einen bedenkenerregenden Umfang angenommen hat, ist durch Ermittelungen bestätigt, welche auf privatem Wege speziell über Ausverkäufe von Konkursmassen in einer Anzahl größerer deutscher Städte veranstaltet worden sind. Alexander-Katz berichtete hierüber in dem für den 23. deutschen Juristentag erstatteten Gutachten, daß die Erwerber von Konkursmassen beim Ausverkauf derselben in ¾ der ermittelten Fälle Waare anderen Ursprungs in die Masse eingeschoben haben, und daß in mehr als der Hälfte der Fälle diese Manipulation als der alleinige Zweck des Erwerbs des Konkurslagers bezeichnet worden ist.

13) **Unrichtige Angaben thatsächlicher Art.** Richtige Angaben werden nicht getroffen; es ist also z. B. zulässig, sich als früheren Schüler, Angestellten ꝛc. eines Mitbewerbers zu bezeichnen, falls diese Angabe der Wirklichkeit entspricht. Auch die Unterdrückung wahrer Thatsachen kann für sich allein nicht unter das Verbot der unwahren Reklame fallen.

Ob die Angaben mündlich, schriftlich oder in einer anderen Form gemacht worden, ist unerheblich (vergl. Nr. 3 zu diesem Paragraphen). Abkürzungen, welche eine mehrfache Auslegung zulassen, sind unerlaubt, wenn sie — in dem nächstliegenden Sinne ausgelegt — eine unrichtige Angabe darstellen. Es kommt auch nicht darauf an, daß der Zusammenhang der unrichtigen Angabe mit dem Gegenstand, auf den sie sich beziehen soll, sprachlich zum Ausdruck gelangt. Die Aufschrift in einem Schaufenster: „Laden ist bereits anderweitig vermiethet", kann genügen, um darin eine Angabe über den Anlaß zum Verkauf zu erkennen. Auf der anderen Seite kann selbst eine an sich wahre Angabe durch den Zusammenhang, in dem sie gemacht worden ist, den Charakter der Unrichtigkeit annehmen. Dies gilt beispielsweise von dem Fall, wenn ein Pfandleiher unter Hervorhebung dieser seiner Eigenschaft

Waaren zum Verkauf ankündigt, welche er zum Zweck der Weiterveräußerung aufgekauft hat.

Die Scheidelinie zwischen den thatsächlichen Angaben und den Urtheilen wird nicht immer leicht zu finden sein. Die Bezeichnung „prima“ hat für manche Waarengattungen die Bedeutung einer feststehenden Qualitätsangabe und fällt alsdann, wenn wahrheitswidrig angewendet, unter das Gesetz. In anderen Fällen bildet sie eine Umschreibung des auch bei objektiver Unrichtigkeit nicht verfolgbaren Urtheils, „vorzüglich“, „beste Qualität“ u. dergl. Auch andere Angaben (z. B. „echt“, „trocken“, „geruchfrei“) können ja nach der Waarengattung, auf die sie angewendet werden, einen verschiedenen Charakter haben. Die Entscheidung des einzelnen Falles muß unter Berücksichtigung des Sprachgebrauchs und der Verkehrsgewohnheiten der Rechtsprechung überlassen bleiben.

14) Anschein eines besonders günstigen Angebots. Es ist nicht erforderlich, daß die unrichtige Angabe den Anschein eines besonders günstigen Angebots thatsächlich hervorgerufen hat; und noch weniger ist für den Anwendungsbereich des § 1 — im Gegensatz zu § 4 — der Nachweis einer hierauf gerichteten Absicht zu erbringen. Der Anschein braucht auch nicht immer ein falscher zu sein. Selbst wenn das Angebot in der That ein besonders günstiges ist, soll die Ueberzeugung hiervon dem kaufenden Publikum nicht auf dem Wege unrichtiger Angaben nahegebracht werden. Dagegen muß die Angabe objektiv geeignet sein, das Urtheil über die Güte des Angebots zu beeinflussen. Hierbei ist das durchschnittliche Urtheilsvermögen des konsumirenden Publikums maßgebend. Die Anwendung der Bestimmung wird dadurch nicht ausgeschlossen, daß der Fachmann oder bei genauerer Prüfung und Erkundigung selbst der Laie das Angebot auf seinen wirklichen Werth hätte zurückführen können. Auf der anderen Seite bleiben scherzhafte und harmlose Uebertreibungen und Unwahrheiten, die als solche bei gewöhnlicher Aufmerksamkeit von Jedermann leicht zu erkennen sind, von der Verfolgung ausgeschlossen.

Besonders günstig ist ein Angebot dann, wenn die Vortheile desselben das übliche Maß überschreiten, z. B. also dann, wenn die Preise niedriger sind, als sie sonst gefordert werden. Die Bestimmung des § 1 ist hiernach u. a. auf diejenigen Fälle anwendbar, in denen unrichtige Angaben ihrer Natur nach beim Publikum die Meinung hervorrufen können, daß man an derjenigen Stelle, von welcher die Angaben herrühren, seinen Bedarf vortheilhafter, als an anderen Stellen decken werde.

15) **Unterlassung der unrichtigen Angaben.** Das Gesetz kennt drei Formen der Repression unwahrer Reklame: die Civilklage auf Unterlassung, die Civilklage auf Schadensersatz und die strafrechtliche Verfolgung. Hiervon ist der Unterlassungsanspruch für den Beklagten am wenigsten empfindlich; er ist dementsprechend an ein Minimum von thatsächlichen Voraussetzungen gebunden und in Folge hiervon praktisch von der weitgehendsten Bedeutung. Zur Begründung der Klage ist zu behaupten und gegebenen Falls zu beweisen, daß der Beklagte öffentlich über ein geschäftliches Verhältniß (z. B. über den Anlaß zum Verkauf) eine unrichtige Angabe thatsächlicher Art gemacht hat, und daß diese Angabe den Schein eines besonders günstigen Angebots zu erwecken geeignet ist. Der gute Glauben schützt den Beklagten nicht. Er kann sich also nicht mit dem Einwande decken, daß er die Unrichtigkeit der Angabe nicht gekannt habe. Und ebensowenig darf er sich auf den mangelnden Vorsatz berufen. Die Fassung des Gesetzes namentlich im Vergleich mit dem Wortlaut des ersten Entwurfs (vergl. S. 15) bringt klar zum Ausdruck, daß der Erfolg der Klage nicht bedingt ist durch den Nachweis, daß der Beklagte den Schein eines vortheilhaften Angebots hat hervorrufen wollen.

Ob der Kläger oder eine dritte Person einen Schaden erlitten hat, ist für den Anspruch auf Unterlassung ebenfalls unerheblich, und es kommt endlich auch darauf nicht an, ob die Wiederholung der unrichtigen Angaben zu erwarten ist. Der Antrag geht dahin, den Beklagten für schuldig zu erkennen, die Angabe, daß . . . . ., zu unterlassen. Ein Widerruf oder eine Berichtigung kann im Prozeßwege nicht erzwungen werden.

Ueber den Gerichtsstand sind in § 2, über den Erlaß einstweiliger Verfügungen in § 3, über die Verjährung des Anspruchs in § 11, über die Veröffentlichung des Urtheils in § 13 des Gesetzes besondere Vorschriften getroffen.

Die Vollstreckung eines auf Unterlassung lautenden Urtheils regelt sich nach den Bestimmungen in § 775 der Civ.Pr.Ord.

16) **Aktivlegitimation zur Unterlassungsklage.** In wesentlicher Abweichung von dem französischen Rechtssystem, welches für die Verfolgung der concurrence déloyale die erkennbare Beziehung zu der Person eines Geschädigten voraussetzt, gewährt das deutsche Gesetz den Unterlassungsanspruch jedem Mitbewerber, ohne von ihm den Nachweis eines besonderen Interesses zu erfordern. Der Anspruch gleicht der sogenannten Popularklage des älteren römischen Rechts, indem der Kläger als Vertreter des gewerblichen Gemeininteresses handelt. Als Mitbewerber gilt derjenige Gewerbetreibende, — sei dies eine Einzelperson oder etwa eine Handelsgesellschaft, — welcher Waaren oder Leistungen gleicher oder verwandter Art herstellt oder in den geschäftlichen Verkehr bringt. Die Aktivlegitimation steht also rücksichtlich gleicher oder verwandter Waaren dem Fabrikanten gegenüber dem Händler und umgekehrt zu; sie ist auch räumlich nicht beschränkt, so daß beispielsweise ein Handwerker im Nordosten des Reichs gegen ein Versandtgeschäft des äußersten Südwestens Klage erheben kann. Der Ausdruck „Waaren oder Leistungen verwandter Art" ist nicht blos im technischen Sinne aufzufassen; maßgebend ist vor allem der wirthschaftliche Gesichtspunkt, ob die Waaren 2c. im geschäftlichen Wettbewerb zu einander stehen. So werden echte und unechte Waaren, Stoffe, Halbfabrikate und fertige Erzeugnisse, Tabak, Cigarren und Cigarretten, Butter und Margarine regelmäßig als Waaren verwandter Art gelten müssen. In diesem Sinne wird schon der an sich engere Begriff der gleichartigen Waaren in § 5 des Waarenbezeichnungsgesetzes ausgelegt.

Der durch unrichtige Angaben herangezogene Käufer ist zu der Unterlassungsklage nicht berechtigt.

Dagegen ist zur wirksameren Unterdrückung der unwahren Reklame das Klagerecht neben den Mitbewerbern auch Verbänden zur Förderung gewerblicher Zwecke beigelegt worden. Die Verbände brauchen nicht ausschließlich aus Gewerbetreibenden zu bestehen; auch ist es nach einer Bemerkung in den Motiven gleichgültig, ob sie den Schutz des durch die Reklame betroffenen Geschäftszweiges sich zur besonderen Aufgabe machen, oder ob sie Ziele allgemeiner Art verfolgen. Nothwendig ist aber die Prozeßfähigkeit. Reichsgesetzlich ist dieses Recht u. A. den Innungen (§§ 88 und 99 der Gew.Ord.)

und bedingungsweise den Innungsverbänden (§ 104h der Gew.Ord.) verliehen. Soweit die Reichsgesetze Bestimmungen nicht enthalten, entscheidet sich die Prozeßfähigkeit nach den Landesgesetzen. Für Preußen bedarf es nach § 25 Allg. Landrechts II 6 der staatlichen Anerkennung, um Verbänden der hier in Frage stehenden Art nach außen hin die Rechte einer Körperschaft und damit die Prozeßfähigkeit zu erwirken. Für Bayern ist das Gesetz vom 29. April 1869, betr. die privatrechtliche Stellung von Vereinen, für Sachsen das Gesetz vom 15. Juni 1868, betr. die juristischen Personen maßgebend.

Bei der Verschiedenheit der partikularen Vorschriften ist es auch unter dem Gesichtspunkt der Bekämpfung des unlauteren Wettbewerbs in hohem Maße erwünscht, daß das Bürgerliche Gesetzbuch das Vereinsrecht einheitlich regeln will; nach § 21 des Entwurfs sollen Vereine zu gemeinnützigen Zwecken die Rechtsfähigkeit durch Eintragung in das Vereinsregister des zuständigen Amtsgerichts erlangen. Inzwischen werden Verbände zur Förderung gewerblicher Interessen, welche nach dem bestehenden Recht die Prozeßfähigkeit nicht besitzen, das Einschreiten gegen unlautere Reklame in der Weise sich ermöglichen können, daß sie ein in dem betreffenden Geschäftszweige thätiges Mitglied zur Klageerhebung in eigenem Namen veranlassen.

17) **Schadensersatz.** Ein Anspruch auf Schadensersatz ist alsdann begründet, wenn neben den Voraussetzungen für die Unterlassungsklage noch die weiteren — ebenfalls vom Kläger nachzuweisenden — Bedingungen erfüllt sind, daß im ursächlichen Zusammenhang mit unrichtigen Angaben ein Schaden entstanden ist, und daß der Beklagte als Urheber der Angaben deren Unrichtigkeit kannte oder kennen mußte. Die Haftpflicht trifft also ebensowohl die bewußte, wie die fahrlässige Unwahrheit. Diese Gleichstellung entspricht allgemeinen Rechtsgrundsätzen und ist praktisch insofern von Bedeutung, als der Nachweis, daß der Beklagte bei gehöriger Sorgfalt die Unwahrheit der von ihm gemachten Angaben hätte kennen müssen, im Allgemeinen leichter zu führen sein wird, als der Nachweis, daß er sie thatsächlich gekannt hat. Neben dem wirklichen Schaden ist der entgangene Gewinn zu erstatten (vergl. Art. 283 des Hand.Ges.Buchs u. §§ 10 ff.

Preuß. Allg. L.R. I 6). Ob der Urheber der unrichtigen Angaben durch dieselben einen Gewinn erzielt hat, ist unerheblich.

Ueber die Frage, ob ein Schaden entstanden ist, und wie hoch sich derselbe beläuft, ist im Streitfalle nach Maßgabe des § 260 der Civ.Pr.Ord. zu entscheiden. Bei der ihm zustehenden freien Würdigung aller Umstände wird das Gericht die Verhältnisse des Verkehrslebens in Betracht zu ziehen und in Zweifelsfällen Gutachten von sachverständiger Seite, namentlich auch von den Handelskammern einzuholen haben. Auch wäre es zu wünschen, daß der Beweisführer entsprechend der Vorschrift der Civ.Pr.Ord. in geeigneten Fällen zur eidlichen Schätzung seines Schadens zugelassen würde. Wo der dem Kläger zugefügte Schaden in dem gänzlichen oder theilweisen Verlust seiner Kundschaft besteht, wird ein anderer Weg zur ziffernmäßigen Abgrenzung des Erstattungsanspruchs nicht immer gefunden werden können.

Die Ersatzklage steht nicht, wie die Unterlassungsklage jedem Mitbewerber, sondern nur demjenigen Mitbewerber zu, welcher einen Schaden erlitten hat. Letzterer kann aber selbstverständlich die Ersatz- mit der Unterlassungsklage verbinden. Die Ersatzansprüche eines durch unrichtige Angaben getäuschten Käufers sind auf die allgemeinen civilrechtlichen Bestimmungen zu begründen. Das vorliegende Gesetz regelt nur die Rechtsbeziehungen des Wettbewerbes.

18) **Redakteure rc. von periodischen Druckschriften.** Der Reichstag hat es nach dem Vorschlage seiner Kommission für geboten erachtet, der Presse in Form einer Einschränkung ihrer civilrechtlichen Verantwortlichkeit für unwahre Angaben eine Sonderstellung einzuräumen. Der Gedanke hat, nachdem in der Kommission verschiedene Formulirungsversuche zu einem befriedigenden Ergebniß nicht geführt hatten (Komm.Ber. S. 11), im Plenum die vorliegende Gestaltung gewonnen. Darnach unterliegen die bei der Herstellung einer *periodischen* Druckschrift betheiligten Personen, Redakteur, Verleger, Drucker und Verbreiter, auch wenn sie an sich als Urheber unrichtiger Angaben oder als Theilnehmer haften würden, der Schadensersatzpflicht aus Anlaß der *in der Druckschrift enthaltenen* unwahren Angaben nur in so weit, als sie deren Unrichtigkeit *kannten*. Ihr Privilegium beruht also

lediglich in dem Wegfall der Ersatzpflicht bei nur fahrlässiger Unwahrheit; es erstreckt sich nicht auf die Unterlassungsklage, welche gegen Redakteure ꝛc. unter den gleichen thatsächlichen Voraussetzungen, wie gegen andere Personen erhoben werden kann; ebensowenig bezieht es sich auf die strafrechtliche Haftung für bewußt unwahre und auf Täuschung berechnete unwahre Angaben (§ 4 des Gesetzes). Unter periodischen Druckschriften sind nach Analogie des § 7 des Preßgesetzes Zeitungen und Zeitschriften zu verstehen, welche in monatlichen oder kürzeren, wenn auch unregelmäßigen Fristen erscheinen.

19) **Gattungs-Namen.** Der § 16 des Waarenbezeichnungsgesetzes hat, indem er die Angabe thatsächlich unrichtiger Herkunftsorte auf Waaren und auf deren Verpackung bedingungsweise unter Strafandrohung stellte, diejenigen Namen, welche nach Handelsgebrauch zur Benennung gewisser Waaren dienen, ohne deren Herkunft bezeichnen zu sollen (Gattungs-Namen), der freien Benutzung überlassen. Namen wie „Thorner Pfefferkuchen", „Münchener Bier", „Braunschweiger Wurst", „Kölnisches Wasser" u. dergl. sollen zur Bezeichnung von Waaren beliebig benutzt werden dürfen, auch wenn letztere nicht aus dem Orte herrühren, auf welchen ihre Benennung hindeutet. In diese, erst vor Kurzem geschaffene Regelung der an sich überaus schwierigen Frage der Ursprungsbezeichnungen ändernd einzugreifen, konnte nicht in der Absicht des Gesetzgebers liegen. In dem regierungsseitig eingebrachten Entwurf zu dem vorliegenden Gesetze bedurfte es eines besonderen Vorbehaltes nicht, weil unter denjenigen Gegenständen, über welche unrichtige Angaben verboten werden sollten, geographische Ursprungsbezeichnungen nicht genannt waren; die Begriffe „Art des Bezuges" und „Bezugsquelle" begreifen die Ursprungsbezeichnungen nicht in sich (vergl. Nr. 9 und 10 der Erl. zu diesem Paragraphen). Nachdem jedoch einem Beschluß des Reichstags gemäß die Aufzählung des § 1 durch die Generalklausel „geschäftliche Verhältnisse" erweitert worden ist (vergl. Nr. 4 der Erl. zu diesem Paragraphen), können auf Grund derselben unrichtige Angaben auch über den Ursprung der Waaren im Wege einer Unterlassungsklage inhibirt oder zum Gegenstande eines Schadensersatzanspruches gemacht werden. Diese Konsequenz soll jedoch hinsichtlich der Gattungs-Namen ausgeschlossen

bleiben. Es ist also mit der Vorschrift in § 16 Abs. 2 des Waarenbezeichnungsgesetzes Uebereinstimmung dahin hergestellt, daß die Benutzung eines geographischen Namens, der zur Bezeichnung der Art oder Gattung von Waaren handelsüblich ist, strafrechtlich und civilrechtlich auch in dem Falle nicht verfolgt werden kann, wenn die Waaren nicht dem Orte entstammen, dessen Name ihnen beigelegt worden ist. Diese Bestimmung ist namentlich für den Verkehr mit Cigarren, Tabak und Wein von weitgehender praktischer Bedeutung, wie in den Motiven zu § 16 (früher § 15) des Waarenbezeichnungsgesetzes (Nr. 70 der Reichstags-Drucks. von 1893/94) des Näheren ausgeführt worden ist.

Ob ein Name die Eigenschaft einer Gattungsbezeichnung angenommen hat, ist eine Thatfrage, die nach den Gewohnheiten und Gebräuchen des Verkehrs von Fall zu Fall entschieden werden muß. Ist die Frage zu bejahen, so kann der Umstand, daß die Verwendung des dem Ursprung der Waare nicht entsprechenden Namens den Anschein eines besonders günstigen Angebots hervorzurufen geeignet war, nicht zu einer Verurtheilung aus § 1 führen. Auf der anderen Seite ist es aber selbstverständlich, daß der § 1 Anwendung findet, wenn die unter einem Gattungs-Namen angekündigte Waare nicht von der Beschaffenheit ist, welche mit dem Gattungs-Namen bezeichnet zu werden pflegt.

20) **Veranstaltungen.** Unter Nr. 13 der Erl. zu diesem Paragraphen ist bemerkt, daß die Form, unter der Angaben an die Oeffentlichkeit treten, bedeutungslos ist. Der Begriff umfaßt auch bildliche Darstellungen; die Abbildung einer Ausstellungsmedaille auf Preiskuranten enthält z. B. offenbar die Angabe, daß der den Preiskurant ausgebende Gewerbetreibende im Besitz der Medaille sich befinde. Gleichwohl hat der Gesetzgeber, um gegenüber etwaigen Versuchen zur Umgehung des Gesetzes jeden Auslegungszweifel zu beseitigen, es für räthlich erachtet, Abbildungen und sonstige Veranstaltungen, welche Angaben im engeren Sinn d. h. mündliche oder schriftliche Mittheilungen zu ersetzen bestimmt und geeignet sind, diesen letzteren ausdrücklich gleichzustellen. Ist in einem Schaufenster ein Maschinenmodell unter Umständen angebracht, welche darauf hindeuten, daß die daneben ausgelegten Waaren auf Maschinen dieser Art gefertigt sind, so kann, falls letzteres nicht der Wirklichkeit entspricht und

die sonstigen Voraussetzungen des § 1 vorliegen, der Anspruch auf Unterlassung dieser Form der Ankündigung und eventuell auf Schadensersatz geltend gemacht werden. In gleicher Weise ist, um ein weiteres Beispiel anzuführen, ein Einschreiten dann möglich, wenn ein Kaffee-Surrogate vertreibendes Geschäft die Aufmerksamkeit des Publikums durch Auslage einer natürlichen Kaffeestaude anzuregen versucht.

21) **Landwirthschaftliche Erzeugnisse und Leistungen.** Daß landwirthschaftliche Erzeugnisse jeder Art, sobald sie in den Handel gelangen, unter den Begriff „Waare" fallen, ist selbstverständlich. Ebensowenig kann bei sinngemäßer Auslegung des Wortes „gewerblich" (vergl. Nr. 8 der Erl. zu diesem Paragraphen) ein Zweifel darüber aufkommen, daß zu den gewerblichen Leistungen auch die landwirthschaftlichen gehören. Wenn der Reichstag gleichwohl eine ausdrückliche Bestimmung dieses Inhaltes verlangte (vergl. Komm.-Ber. S. 8), so beruht dies auf dem Wunsche, die landwirthschaftlichen Interessenten besonders darauf hinzuweisen, daß auch ihnen der Schutz des Gesetzes zugänglich ist.

Weitere Konsequenzen dürfen aus der Bestimmung nicht gezogen werden. Insbesondere wäre es verfehlt, anzunehmen, daß die Erzeugnisse und Leistungen anderer Gewerbebetriebe deswegen, weil sie nicht ausdrücklich genannt sind, von den Rechtsbehelfen des Gesetzes hätten ausgeschlossen werden sollen.

§. 2.[1])

Für Klagen auf Grund des §. 1 ist ausschließlich zuständig[2]) das Gericht, in dessen Bezirk der Beklagte seine gewerbliche Niederlassung oder in Ermangelung einer solchen seinen Wohnsitz hat. Für Personen, welche im Inlande weder eine gewerbliche Niederlassung noch einen Wohnsitz haben,[3]) ist ausschließlich zuständig das Gericht des inländischen Aufenthaltsortes, oder wenn ein solcher nicht bekannt ist, das Gericht, in dessen Bezirk die Handlung begangen ist.

Zu § 2.

1) **Allgemeines.** Die weite Ausdehnung der Aktivlegitimation zur Unterlassungsklage (vergl. Nr. 16 der Erl. zu § 1) bringt es mit

sich, daß wegen eines Aktes der unlauteren Reklame gegen denjenigen, welcher ihn unternommen hat, von verschiedenen Seiten Prozesse angestrengt werden können. Wird auch in der Praxis der Fall selten eintreten, daß ein Gewerbetreibender zu einer Unterlassungsklage sich entschließt, wenn bereits ein Anderer der Mühe und dem an die Haftung für Gerichts- und Anwaltskosten sich knüpfenden Risiko eines solchen Rechtsstreites sich unterzogen hat, so ist immerhin die Möglichkeit einer Häufung von Prozessen gegeben. Dies würde namentlich dann zu bedenklichen Folgen führen können, wenn ein mehrfacher Gerichtsstand begründet ist, und demgemäß die auf denselben Gegenstand abzielenden Klagen bei verschiedenen Gerichten anhängig gemacht werden. In einem solchen Fall würde jedes prozessuale Mittel zur einheitlichen Behandlung der Rechtsstreitigkeiten fehlen. Aus diesen Gründen ist für die Klagen aus § 1 die Festsetzung eines ausschließlichen Gerichtsstandes geboten.

Der im Mai 1895 dem Bundesrathe vorgelegte und in dieser Form veröffentlichte Entwurf (vergl. S. 21) wollte außerdem nach Anstellung der Unterlassungsklage anderen Personen die Erhebung des gleichen Anspruchs nur in Form des Beitritts zu dem anhängigen Verfahren gestatten und die Rechtskraft jeder dem Beklagten günstigen Entscheidung auch auf dritte Personen erstrecken. Die einschlägige Bestimmung lautete:

„Hat jemand auf Unterlassung einer unrichtigen Angabe Klage erhoben, oder den Erlaß einer einstweiligen Verfügung beantragt, so steht anderen, die wegen derselben Angabe den Anspruch auf Unterlassung geltend zu machen berechtigt sind, nur der Beitritt zu dem Verfahren und zwar in der Lage zu, in welcher sich dieses zur Zeit der Beitrittserklärung befindet. Auf den Beitritt finden die Vorschriften des § 67 der Civilprozeßordnung entsprechende Anwendung; der Beigetretene gilt im Sinne des § 58 als Streitgenosse der Hauptpartei. Jede in der Sache ergangene Entscheidung äußert zu Gunsten des Beklagten ihre Wirkung auch gegenüber solchen Berechtigten, welche den Anspruch nicht geltend gemacht haben."

Wenn diese Bestimmung in dem an den Reichstag gelangten Entwurf gestrichen ist und demgemäß auch in dem Gesetz Aufnahme nicht gefunden hat, so war wohl die Erwägung maßgebend einerseits, daß die möglichen civilprozessualen Komplikationen nicht erschöpft waren und nicht erschöpft werden konnten, andererseits, daß neben der Begründung eines ausschließlichen Gerichtsstandes und neben der — erst vom Bundesrath beschlossenen — Festsetzung einer kurzen Verjährungsfrist (§ 11) weitergehende Garantien gegen eine chikanöse Häufung von Civilprozessen für die Praxis entbehrlich sind.

2) **Gerichtsstand der Inländer.** Der Entwurf vom Mai 1895 hatte als ausschließlichen Gerichtsstand das forum delicti commissi in Aussicht genommen. Hiermit wäre jedoch eine Konzentration mehrerer gleichartiger Prozesse nicht oder wenigstens nicht immer erreichbar gewesen, da ein und derselbe Akt unlauterer Reklame häufig — z. B. bei der Versendung von Rundschreiben, bei der Veröffentlichung von Anzeigen in verschiedenen Zeitungen — an mehreren Orten sich abspielt. Das Gesetz hat daher in Uebereinstimmung mit dem dem Reichstag vorgelegten Entwurf an die Stelle des Gerichtsstandes der begangenen That dem Gerichtsstand der gewerblichen Niederlassung und in Ermangelung eines solchen des Wohnsitzes treten lassen. Hierdurch wird dem Beklagten die Rechtsvertheidigung wesentlich erleichtert, vor allem aber, was ebenfalls im Interesse des Beklagten liegt, dem Gericht die Möglichkeit geboten, nach Maßgabe des § 138 der Civ.Pr.Ord. die Verbindung mehrerer Prozesse zum Zwecke der gleichzeitigen Verhandlung und Entscheidung anzuordnen. Es läßt sich erwarten, daß die Gerichte von der ihnen zustehenden Befugniß regelmäßig Gebrauch machen werden.

Ein ausschließlicher Gerichtsstand ist nur für die in § 1 behandelten Civilklagen auf Unterlassung und Schadensersatz festgesetzt. Für Civilklagen, welche auf die ferneren Bestimmungen des Gesetzes begründet werden (§§ 6, 8 und 9), besteht ein entsprechendes Bedürfniß nicht, da hier die Aktivlegitimation zur Klage allgemein an eine einzelne Person gebunden, die Möglichkeit einer Häufung von Prozessen also nicht gegeben ist. Auch hinsichtlich der Strafverfolgung in den Fällen der §§ 4, 5, 7, 9 und 10 kommen die allgemeinen Vorschriften der Straf-Pr.Ord. über die örtliche Zuständigkeit der Gerichte zur Anwendung; ebenso gilt gegenüber der Mehrzahl von Personen, welche in den Fällen des § 4 zur strafrechtlichen Privatklage nach § 12 befugt sind, die Bestimmung in § 415 der Straf-Pr.Ord., derzufolge nach Anstellung der Klage seitens eines der Berechtigten den übrigen nur der Beitritt zu dem eingeleiteten Verfahren und zwar in der Lage zusteht, in welcher sich dasselbe zur Zeit der Beitrittserklärung befindet.

3) **Gerichtsstand der Ausländer.** Die gewerbliche Niederlassung oder in deren Ermangelung der Wohnsitz kann nur für die im Reichsgebiete ansässigen Personen — mögen sie die Reichsangehörigkeit besitzen oder nicht — einen ausschließlichen Gerichtsstand begründen. Andere Personen sind bei dem Gerichte ihres inländischen Aufenthaltsortes, oder wenn ein solcher nicht vorhanden, in dem forum delicti commissi in Anspruch zu nehmen. Im letzteren Falle kann also die vom Auslande her betriebene trügerische Reklame unter Umständen bei verschiedenen Gerichten mit der Civilklage verfolgt werden; die Begründung eines unter allen Umständen einheitlichen Gerichtsstandes war hier nicht möglich, übrigens auch durch Billigkeitsrücksichten nicht geboten.

Die Bemerkungen im zweiten Absatz der Nr. 2 haben auch für den Gerichtsstand der Ausländer Geltung.

§. 3.[1])

Zur Sicherung des im §. 1 Absatz 1 bezeichneten Anspruchs können einstweilige Verfügungen erlassen werden, auch wenn die in den §§. 814, 819 der Civilprozeßordnung bezeichneten Voraussetzungen nicht zutreffen.[2]) Zuständig ist auch das Amtsgericht, in dessen Bezirk die den Anspruch begründende Handlung begangen ist; im Uebrigen finden die Vorschriften des §. 820 der Civilprozeßordnung Anwendung.

Zu § 3.

1) **Allgemeines.** Nach §§ 814 und 819 der Civ.Pr.Ord. sind einstweilige richterliche Verfügungen zulässig:

a. in Beziehung auf den Streitgegenstand, wenn zu besorgen ist, daß durch eine Veränderung des bestehenden Zustandes die Verwirklichung des Rechts einer Partei vereitelt oder wesentlich erschwert werden könnte;

b. zum Zwecke der Regelung eines einstweiligen Zustandes in Bezug auf ein streitiges Rechtsverhältniß, sofern diese Regelung, insbesondere bei dauernden Rechtsverhältnissen zur Abwendung wesentlicher Nachtheile oder . . . . . . aus anderen Gründen nöthig erscheint.

Beide Arten der einstweiligen Verfügung finden unter den in der Civ.Pr.Ord. vorgesehenen Voraussetzungen auf sämmtliche civilrechtliche Ansprüche Anwendung, welche durch das vorliegende Gesetz begründet worden sind. Insbesondere wird zur Sicherung der Zwangsvollstreckung bei den Schadensersatzklagen aus §§ 1, 6 und 8 und behufs Regelung eines Provisoriums bei den Unterlassungsklagen aus §§ 6 und 8 die Herbeiführung einer einstweiligen Verfügung für die geschädigten Interessenten häufig von Nutzen sein. Eine erhöhte, weit über den Interessenbereich des Einzelnen hinausgreifende Bedeutung hat aber die einstweilige Verfügung für die Unterlassungsklage aus § 1. Je nachtheiliger gewisse Formen der unlauteren Reklame, namentlich die schwindelhafte Ankündigung von Ausverkäufen, Auktionen 2c. dem redlichen, seßhaften Gewerbestande werden können, um so wichtiger ist, den Bedrohten die Benutzung der zur Abwehr dienlichen Mittel möglichst zu erleichtern.

2) **Einstweilige Verfügungen zur Sicherung des Unterlassungsanspruchs aus § 1** sind daher zunächst von den besonderen Voraussetzungen der §§ 814 und 819 der Civ.Pr.Ord. befreit. Sie können erlassen werden in Beziehung auf den Streitgegenstand, auch wenn eine Veränderung desselben und hiermit eine Gefährdung des klägerischen Anspruchs nicht zu besorgen ist, und zur Regelung eines einstweiligen Zustandes, auch wenn die Gefahr wesentlicher Nachtheile oder ein ähnlicher Grund nicht vorliegt. Die sonstigen Bedingungen der Civ.Pr.Ord. haben auch hier Geltung. Es ist also zur Begründung des Antrages stets erforderlich, daß die thatsächlichen Voraussetzungen, von denen das Gesetz den Anspruch auf Unterlassung unrichtiger Angaben abhängig macht, dargelegt werden; auch sind diese Voraussetzungen gemäß §§ 815 und 800 der Civ.Pr.Ord. glaubhaft zu machen, sofern nicht eine hinreichende Sicherheit bestellt wird (§ 801 a. a. O.). Ob und welche Anordnungen nach Lage des Falls zu treffen sind, hat das Gericht zu entscheiden.

Eine weitere Erleichterung der einstweiligen Verfügungen zu

Gunsten der Unterlassungsansprüche aus § 1 ist durch die Begründung eines ausschließlichen Gerichtsstandes gemäß § 2 veranlaßt. Im Allgemeinen ist nach § 816 der Civ.Pr.Ord. für einstweilige Verfügungen das Gericht der Hauptsache zuständig. Wäre hiernach der Antrag unter allen Umständen in dem Forum der gewerblichen Niederlassung anzubringen, so könnte alsdann, wenn es auf die schleunigste Inhibirung einer an einem anderen Orte begangenen Zuwiderhandlung ankommt, — ein Fall, der z. B. bei der Ankündigung von Wanderausverkäufen nicht selten eintreten wird, — die gerichtliche Verfügung leicht zu spät kommen. Aus diesem Grunde soll auch das Gericht, in dessen Bezirk die den Anspruch begründende Handlung vorgenommen ist, angegangen werden können. Es muß sich aber, wie durch den Hinweis auf § 820 der Civ.Pr.Ord. zum Ausdruck gelangt, um einen dringenden Fall handeln; auch hat das Gericht, wenn es dem Antrage stattgiebt, eine Frist zu bestimmen, innerhalb welcher der Gegner zur mündlichen Verhandlung über die Rechtmäßigkeit der einstweiligen Verfügung vor das Gericht der Hauptsache zu laden ist.

§. 4.[1]

Wer in der Absicht,[2] den Anschein eines besonders günstigen Angebots hervorzurufen, in öffentlichen Bekanntmachungen oder in Mittheilungen, welche für einen größeren Kreis von Personen bestimmt sind, über die Beschaffenheit, die Herstellungsart oder die Preisbemessung von Waaren oder gewerblichen Leistungen, über die Art des Bezuges oder die Bezugsquelle von Waaren, über den Besitz von Auszeichnungen, über den Anlaß oder den Zweck des Verkaufs wissentlich[2]) unwahre und zur Irreführung geeignete Angaben thatsächlicher Art macht, wird mit Geldstrafe bis zu eintausendfünfhundert Mark bestraft.[3]

Ist der Thäter bereits einmal wegen einer Zuwiderhandlung gegen die vorstehende Vorschrift bestraft,[3] so kann neben oder statt der Geldstrafe auf Haft oder auf Gefängniß bis zu sechs Monaten erkannt werden; die Bestimmungen des §. 245 des Strafgesetzbuchs finden entsprechende Anwendung.

Zu § 4.

1) **Allgemeines.** Ueber die Nothwendigkeit von Strafsanktionen vergl. S. 27.

Der strafrechtliche Thatbestand ist im Allgemeinen dem Inhalte des § 1 nachgebildet, jedoch, wie die Motive bemerken, zunächst mit der Maßgabe, daß unwahre Angaben nur in so weit, als ihr Urheber sich der Unwahrheit bewußt war, und nur dann, wenn die Hervorrufung des Anscheins eines besonders günstigen Angebots beabsichtigt war, eine strafrechtliche Sühne nach sich ziehen sollen. Diese Beschränkungen sind in der Natur der Sache begründet. Wenn auf civilrechtlichem Wege die Verhinderung unwahrer Angaben unabhängig von dem Nachweise einer bösen Absicht ermöglicht wird, so liegt zur strafrechtlichen Ahndung fahrlässigen Verhaltens kein praktisches Bedürfniß vor.

2) **Voraussetzungen der Bestrafung.** Der Thäter muß in der Absicht, den Anschein eines besonders günstigen Angebots hervorzurufen, in öffentlichen Bekanntmachungen 2c. über bestimmte geschäftliche Verhältnisse, wissentlich unwahre und zur Irreführung geeignete Angaben thatsächlicher Art gemacht haben. Die gesperrt gedruckten Worte bezeichnen den Unterschied von den Voraussetzungen für die civilrechtliche Haftung.

Daß der Anschein eines besonders günstigen Angebots thatsächlich entstanden ist, braucht nicht festgestellt zu werden; die hierauf gerichtete Absicht genügt. Auch ist es nicht nothwendig, daß der Anschein ein falscher ist. Die Angaben müssen aber, abgesehen von dem Erforderniß der bewußten Unwahrheit, objektiv geeignet sein, über den Gegenstand, auf welchen sie sich beziehen, z. B. über die Beschaffenheit der angebotenen Waare einen Irrthum hervorzurufen, oder wenn ein solcher bereits vorhanden war, ihn zu unterhalten.

Die wichtigste Einschränkung gegenüber dem § 1 liegt darin, daß nicht Angaben über geschäftliche Verhältnisse schlechthin, sondern nur Angaben über bestimmte einzeln aufgeführte Gegenstände getroffen werden. Diese Gegenstände sind identisch mit denjenigen, welche in § 1 lediglich als Beispiele aufgezählt sind. Die Einschränkung der Haftbarkeit, welche ursprünglich auch in civilrechtlicher Beziehung beabsichtigt war, ist in strafrechtlicher Beziehung aufrecht erhalten worden. Es sind daher z. B. unwahre Angaben über den Ursprungsort von Waaren, über die Menge der vorhandenen Vorräthe, über Alter, Ausdehnung, Absatz eines Geschäfts 2c. der kriminellen Verfolgung entzogen. Auch Veranstaltungen, welche unwahre Angaben ersetzen sollen, sind nicht, wie letztere, verfolgbar. Die Motive begründen diese Abweichung dahin, daß Veranstaltungen solcher Art meist in geringerem Grade bedenklich sind, als Wortreklamen, außerdem aber für eine strafrechtliche Feststellung besondere Schwierigkeiten bieten. Hiernach werden auch bildliche Darstellungen, selbst insoweit sie unter den Begriff von Angaben im weiteren Sinne fallen, auszuscheiden sein, (vergl. Nr. 13 und 20 der Erläuterungen zu § 1), so daß die Strafbarkeit im Wesentlichen auf mündliche, schriftliche und gedruckte Mittheilungen unwahren Inhalts sich beschränkt.

Die strafrechtliche Verantwortlichkeit trifft, ebenso wie die civilrechtliche des § 1 denjenigen, welcher die unrichtigen Angaben verbreitet hat, mag er der Inhaber oder ein Angestellter des Geschäfts, dessen Interesse sie fördern sollen, oder endlich eine dritte Person sein. Voraussetzung ist aber stets dolus auf Seiten des Thäters. Der Versuch ist nicht strafbar (§ 43 Abs. 2 St.G.B.), hinsichtlich der Theilnahme finden die Vorschriften in §§ 47 bis 49 und 50 des St.G.B. Anwendung. Wird die strafbare Reklame durch die Presse begangen, so bestimmt sich die Verantwortlichkeit nach §§ 20 und 21 des Preßgesetzes.

Wegen der übrigen Begriffsmerkmale des Thatbestandes ist auf Nr. 3 und 5 bis 14 der Erläuterungen zu § 1 zu verweisen.

3) **Strafen.** Die erste Zuwiderhandlung ist nur mit Geldstrafe bedroht; der Mindestbetrag ist 3 Mark (§ 27 St.G.B.), der Höchstbetrag 1500 Mark. Im Fall der Uneinziehbarkeit ist die Geldstrafe in Gefängniß umzuwandeln; sie kann, wenn der Betrag 600 Mark und die an dessen Stelle tretende Freiheitsstrafe die Dauer von 6 Wochen nicht übersteigt, in Haft umgewandelt werden (§ 28 St.G.B.).

Im Wiederholungsfalle d. h. bei der zweiten (nicht erst bei

der dritten) Zuwiderhandlung, welche, sei es im Privatklageverfahren, sei es auf öffentliche Klage der Staatsanwaltschaft zur Aburtheilung gelangt, kann neben oder statt der Geldstrafe von 3 bis 1500 Mark Haft bis zum gesetzlichen Höchstbetrage von 6 Wochen oder Gefängniß bis zu 6 Monaten verhängt werden. Wegen der Umwandlung der Geldstrafe gelten die gleichen Grundsätze wie für den Fall der ersten Zuwiderhandlung. Der Wiederholungsfall ist auch dann gegeben, wenn die frühere Strafe nur theilweise verbüßt oder ganz oder theilweise erlassen ist; er bleibt jedoch ausgeschlossen, wenn seit der Verbüßung oder dem Erlasse der letzten Strafe bis zur neuen Zuwiderhandlung zehn Jahre verflossen sind (§ 245 St.G.B.).

Die Strafgrenzen sind nach den Motiven so, wie geschehen, festgesetzt worden, damit der Richter Umstände, welche den Verstoß als einen geringeren kennzeichnen, berücksichtigen, auf der anderen Seite aber auch grobe Verfehlungen gegen Treu und Glauben, namentlich solche, die öffentliches Aergerniß erregen, nachdrücklich ahnden kann.

Die Strafverfolgung setzt einen Antrag voraus und geschieht der Regel nach im Wege der Privatklage (§ 12); das Strafurtheil, ebenso wie die Freisprechung kann veröffentlicht (§ 13) und neben der Strafe auf eine Buße erkannt werden (§ 14).

Ueber die örtliche Zuständigkeit des Gerichts vergl. Nr. 2 der Erläuterungen zu § 2. Sachlich zuständig ist für die Privatklage das Schöffengericht (§ 12), sonst die landgerichtliche Strafkammer, welche jedoch die Verhandlung und Entscheidung dem Schöffengerichte überweisen kann (§§ 27[3], 73[1] und 75[14] des Ger. Verf. G.). Hinsichtlich der Verjährung der Strafverfolgung und der Strafvollstreckung gelten die allgemeinen Vorschriften in §§ 66 ff. St.G.B.

4) **Präventives Einschreiten der Polizei.** Das Preußische Allgemeine Landrecht bestimmt in § 10 II 17:

„Die nöthigen Anstalten zur Erhaltung der öffentlichen Ruhe, Sicherheit und Ordnung und zur Abwendung der dem Publiko oder einzelnen Mitgliedern desselben bevorstehenden Gefahr zu treffen, ist das Amt der Polizei."

Aehnliche Vorschriften bestehen auch außerhalb des Geltungsgebietes des Preußischen Landrechts, z. B. für Bayern Art. 20 des Polizei-Strafgesetzbuchs vom 26. Dezember 1871:

„In Fällen, welche mit Strafe gesetzlich bedroht sind, ist die zuständige Polizeibehörde, vorbehaltlich der späteren Strafverfolgung, so weit nöthig, zur vorläufigen Einschreitung befugt."

Ferner für Baden § 30 des Polizei-Strafgesetzes vom 31. Dezember 1863, für Hessen Art. 80 des Gesetzes, betr. die innere Verwaltung, vom 12. Juni 1874.

Nach Maßgabe dieser Bestimmungen haben die Organe der Sicherheits- und Ordnungspolizei das Recht und die Pflicht vorbeugenden Einschreitens gegen strafbare Handlungen (vergl. die Urtheile des Reichsgerichts vom 23. Oktober 1883 und 16. November 1885, abgedruckt in den Entsch. f. Straff. Bd. 9 Seite 121 und Bd. 13 Seite 44; ferner die Abhandlung von Neukamp: Die polizeilichen Verfügungen zur Verhütung strafbarer Handlungen 2c. in dem Verwaltungsarchiv Bd. 3 Seite 1). Diese Aufgabe liegt der Polizei auch hinsichtlich der unwahren Reklame ob, nachdem letztere unter Strafandrohung verboten ist. Daß die Strafverfolgung hier nur auf Antrag eintritt, schließt die Zulässigkeit vorbeugender und, — so weit es sich um die Feststellung bereits begangener Kontraventionen handelt, — vorbereitender Maßnahmen nicht aus (vergl. Oppenhoff, St.G.B., Anm. 3 zu § 61). Wenn es zur Abwendung eines dem Publikum oder einzelnen Gewerbetreibenden drohenden Schadens nöthig erscheint, ist die Polizei beispielsweise befugt, die Beseitigung eines gegen das Gesetz verstoßenden Plakats anzuordnen, die Ankündigung eines Ausverkaufs zu inhibiren. Die Durchführung dieser Maßregel kann im Wege unmittelbaren Zwanges bewirkt werden; auch ist die Verhängung exekutivischer Geldstrafen nicht ausgeschlossen.

§. 5.[1]

Durch Beschluß des Bundesraths[2]) kann festgesetzt werden, daß bestimmte Waaren im Einzelverkehr[3]) nur in vorgeschriebenen Einheiten der Zahl, der Länge und des Gewichts oder mit einer auf der Waare oder ihrer Aufmachung anzubringenden Angabe über Zahl, Länge oder

Gewicht gewerbsmäßig verkauft oder feilgehalten werden dürfen.

Für den Einzelverkehr mit Bier in Flaschen oder Krügen[4]) kann die Angabe des Inhaltes unter Festsetzung angemessener Fehlergrenzen vorgeschrieben werden.

Die durch Beschluß des Bundesraths getroffenen Bestimmungen sind durch das Reichs-Gesetzblatt zu veröffentlichen[2]) und dem Reichstag sogleich oder bei seinem nächsten Zusammentritt vorzulegen.

Zuwiderhandlungen gegen die Bestimmungen des Bundesraths werden mit Geldstrafe bis einhundertundfünfzig Mark oder mit Haft bestraft.[5])

Zu § 5.

1) **Allgemeines.** In einzelnen Verkehrszweigen haben sich im Laufe der Zeit Mißbräuche auf dem Gebiete des Maß- und Gewichtswesens herausgebildet. Man bringt Waaren, welche bei einer bestimmten Aufmachung nach hergebrachter Gewohnheit eine gewisse Quantität umfassen sollten, in derselben Aufmachung mit einer mehr oder minder geringfügigen und für das Publikum schwer bemerkbaren Verringerung der Quantität in den Handel. Der Nachtheil trifft den Käufer, wenn er für den gleichen Preis weniger erhält, als er zu beanspruchen hat und thatsächlich erwartet, und in zweiter Linie den Mitbewerber, welcher solche Täuschungsmittel verschmäht. Die Beziehung zum Wettbewerb ist aber auch dann gegeben, wenn entsprechend der Quantitätsverminderung der Preis ermäßigt wird. In diesem Fall ist lediglich der redliche Mitbewerber geschädigt, von dem das Publikum in der irrigen Meinung sich abwendet, seinen Bedarf bei einer anderen Quelle billiger decken zu können.

Derartige Mißbräuche bestehen vor Allem beim Handel mit Garn. Die Motive bemerken:

„Der Kleinhandel mit wollenen und baumwollenen Strickgarnen und mit Zephyrgarnen vollzieht sich allgemein nach dem Gewicht, jedoch in der Weise, daß die abzugebende Menge nicht in jedem Falle zugewogen, sondern zum Verkaufe in kleinen Abtheilungen (Bunde, Strähne ꝛc.), welche eine gewisse Gewichtsmenge darzustellen pflegen, bereitgehalten wird. Die Einheit für die Gewichtsbestimmung bildet meist das Pfund, welches früher regelmäßig in 10 Unterabtheilungen zu 50 g eingetheilt wurde. Im Hinblick auf diese den Kunden bekannte Geschäftsgewohnheit sind zahlreiche Geschäftsleute dazu übergegangen, aus dem Pfund anstatt 10 Bunde deren 12, 13 oder selbst 14 herzustellen, und diese Bunde unter Verschleierung des Mindergewichts zu Preisen abzugeben, die scheinbar günstiger sind als die Preise, welche der an der alten Eintheilung festhaltende reelle Kaufmann stellt. In vielen Fällen verbindet sich mit dieser Form des unlauteren Wettbewerbes auch eine Schädigung des Publikums."

„Aehnliche Mißbräuche" — heißt es weiter — „haben beim flaschenweisen Verkauf von Bier in der Weise überhand genommen, daß die Zahl der für einen bestimmten Preis erhältlichen Flaschen unter entsprechender Verringerung ihres Inhalts gesteigert wird. Auch beim Verkaufe von Bier in Fässern und — wenngleich in weniger erheblichem Umfange — beim Kleinhandel mit einzelnen anderen Waaren (z. B. Chokolade, Zucker, Bindfaden, Seife, Stearinkerzen, Stahlfedern) sind Quantitätsverschleierungen beobachtet worden.

Es liegt im Interesse der Solidität des Geschäftsverkehrs und entspricht den Wünschen der betheiligten Kreise, daß derartigen Mißbräuchen wenigstens für die hauptsächlich in Betracht kommenden Waarengattungen entgegengetreten wird. Zu diesem Zwecke würde es im Allgemeinen genügen, die Angabe der Menge auf der Waare oder ihrer Verpackung vorzuschreiben. Da jedoch einzelne Waaren, namentlich auch Garn, im Detailverkehr in so geringen Mengen abgegeben zu werden pflegen, daß für eine deutlich erkennbare Quantitätsangabe genügender Raum nicht vorhanden ist, so muß für solche Fälle der — übrigens auch in auswärtigen Staaten beschrittene — Ausweg ins Auge gefaßt werden, den Verkehr an gewisse Mengen- (Gewichts- oder Maß-) Einheiten zu binden."

Der Reichstag war im Allgemeinen mit diesen Ausführungen einverstanden; in der Kommission trat jedoch die Besorgniß hervor, daß die beabsichtigten Maßnahmen, auf den Verkehr mit Flaschenbier angewendet, zur obligatorischen Flaschen-Aichung führen würden, welche ihrerseits auf die Herstellung der Flaschen und in weiterer Folge auf den Preis des Bieres vertheuernd einwirken könnte. Unter entsprechender Aenderung der Regierungsvorlage, welche sich allgemein auf „Mengeneinheiten" bezogen hatte, wurden auf Vorschlag der Kommission bei der zweiten Lesung im Plenum die Hohlmaße aus dem Bereich der zu erlassenden Vorschriften ausgeschieden. Bei der dritten Lesung (Sten. Ber. S. 2175) gewann jedoch die Auffassung Raum, daß jene Besorgniß, wenn überhaupt, so jedenfalls nur in dem Falle begründet erscheine, wenn etwa der Bundesrath dazu übergehen sollte, für die Bierflaschen einen bestimmten Sollinhalt vorzuschreiben. Diese Eventualität wünschte man nach wie vor auszuschließen, wogegen man die obligatorische Angabe des thatsächlichen Flascheninhalts als ein unschädliches, dabei aber wirksames Mittel zur Abstellung weit verbreiteter Mißbräuche anerkannte. Es wurde daher auf Antrag des Abg. Roesicke unter Aufrechterhaltung der dem Absatz 1 des § 5 gegebenen Einschränkung als Absatz 2 eine Bestimmung eingeschaltet, welche für eine entsprechende Anordnung des Bundesraths die erforderliche Unterlage bietet. Der weitere Antrag, diese Bestimmung auf den Einzelverkehr mit Flaschenwein zu erstrecken, gelangte nicht zur Annahme.

2) **Beschluß des Bundesrathes.** Abweichend von dem sonst in dem Gesetz befolgten System einer genauen Abgrenzung des Thatbestandes ist hier der Erlaß der erforderlichen Bestimmungen auf den Bundesrath delegirt worden. In den Motiven ist dies, wie folgt, begründet:

„Vorschriften der hier in Frage kommenden Art würden indessen trotz ihres nahen Zusammenhanges mit den sonstigen, auf die Bekämpfung des unlauteren Wettbewerbes abzielenden Anordnungen in einem Gesetze, welches allgemein verbindliche Grundsätze aufstellen will, nicht ihre richtige Stelle finden. Sie werden für den Verkehr mit bestimmten Waaren, und zwar für jede Gattung derselben unter Berücksichtigung ihrer besonderen Beschaffenheit und der einschlägigen Handelsgewohnheiten, technische Einzelheiten zu regeln und den schnell wechselnden Bedürfnissen des Verkehrs zu folgen haben. Diese Umstände weisen auf den Weg der Verordnung hin; der Entwurf beschränkt sich darauf, die hierfür bisher fehlende gesetzliche Grundlage zu schaffen. Es ist nicht anzunehmen, daß der Bundesrath von der ihm zugewiesenen Befugniß zum Erlaß entsprechender Anordnungen anders als in den Grenzen des praktischen Verkehrsbedürfnisses und nach eingehender Prüfung der Verhältnisse, wobei auch die Anhörung der betheiligten Kreise in Betracht kommt, Gebrauch machen wird."

Die vom Bundesrathe zu erlassenden Verordnungen erhalten ihre verbindliche Kraft durch Veröffentlichung im Reichsgesetzblatt. Sie sind — ebenso wie die Ausführungsverordnungen zu §§ 120e und 139a der Gew.Ord. — dem Reichstage alsbald zur Kenntnißnahme vorzulegen; ihre Rechtsgültigkeit ist durch die nachträgliche Zustimmung des Reichstags nicht bedingt, ebensowenig kann letzterer ihre Außerkraftsetzung verlangen.

3) **Inhalt der Verordnungen.** Die Verordnungen dürfen sich nur auf einzelne Waaren, nicht auf den Waarenverkehr im Allgemeinen beziehen. Nach dem Inhalt der Motive in Verbindung mit den bei der Berathung des Gesetzes regierungsseitig abgegebenen Erklärungen läßt sich annehmen, daß der Bundesrath von der ihm ertheilten Befugniß zunächst hinsichtlich des Garns Gebrauch machen wird. Bis jetzt — Mai 1896 — ist eine Verordnung auf Grund des § 5 noch nicht ergangen.

Nur der Einzelverkehr, und zwar, — wie sich auch mangels einer ausdrücklichen Bestimmung im Gesetz von selbst versteht, — der inländische Einzelverkehr kann geregelt werden.

„Quantitäts-Verschleierungen sind", wie die Motive bet merken, „nur auf Abnehmerkreise berechnet, die nicht gewöhn- oder nicht in der Lage sind, die Menge der empfangenen Waare nachzuprüfen. Es liegt kein Bedürfniß vor, die Herstellung der Waare, den Verkehr zwischen der Herstellungsstelle und dem Großhändler, zwischen diesem und dem Kleinhändler oder den Export nach dem Auslande an die Innehaltung bestimmter Mengeneinheiten, oder an die Bezeichnung der Menge zu binden."

Der Import aus dem Auslande ist an sich frei; gelangen aber Waaren fremden Ursprungs im Reichsgebiete in den Einzelverkehr, so unterliegen sie selbstverständlich den Vorschriften. — Der Begriff „Einzelverkehr" bezeichnet die Abgabe der Waare an den Konsumenten, er greift Platz, selbst wenn der Konsument größere Posten unmittelbar von der Fabrik bezieht. Dem Bundesrath ist es aber natürlich unbenommen, den Geltungsbereich seiner Vorschriften einzuengen etwa in dem Sinne, daß sie nur bei Abgabe geringerer Mengen anwendbar sind. — Auch eine Beschränkung des Geltungsbereichs der Vorschriften auf gewisse Orte, Bezirke oder Bundesstaaten ist nicht ausgeschlossen.

Die Verordnungen auf Grund des Absatz 1 können bestimmen, daß die Waare

a. nur in bestimmten Einheiten der Zahl, der Länge oder des Gewichts, oder
b. mit einer Angabe über Zahl, Länge oder Gewicht,

gewerbsmäßig verkauft oder feilgehalten werden darf. Hohlmaße fallen, wie oben bemerkt, nicht unter die wahlweise Verordnungsbefugniß. Eine gewisse Qualität oder Zusammensetzung oder eine Angabe darüber kann nicht vorgeschrieben werden. Hinsichtlich der Abgrenzung der Einheiten hat der Bundesrath freie Hand. Daß für Länge und Gewicht das in Deutschland kraft Gesetzes geltende metrische System zur Grundlage genommen werden wird, läßt sich wohl mit Sicherheit erwarten. Die alternative Fassung schließt es nicht aus, im Bedarfsfalle die beiden in Frage kommenden Anordnungen dergestalt zu verbinden, daß eine Waare nur in bestimmten Mengeneinheiten und mit einer Angabe der Menge versehen zum Einzelverkehr zugelassen wird.

4) **Einzelverkehr mit Bier in Flaschen oder Krügen.** Es kann nur die Angabe des Inhalts der Flaschen oder Krüge, sei es auf den Etiketten, den Verschlüssen oder in einer anderen Form, — nicht aber ein bestimmter Inhalt der Flaschen oder Krüge — angeordnet werden (vergl. Nr. 1 der Erläuterungen zu diesem Paragraphen). Daß die Anordnungs-Befugniß dem Bundesrath zusteht, ist, obwohl es nicht ausdrücklich ausgesprochen — nach dem Zusammenhang mit Absatz 1 unzweifelhaft. Aus demselben Gesichtspunkte ergiebt sich, daß die Verordnung nur den gewerbsmäßigen Verkauf treffen kann.

Ueber die Bezeichnung des Raumgehalts der in Gast- und Schankwirthschaften zur Verabreichung von Wein .... oder Bier dienenden Schankgefäße (Gläser, Krüge, Flaschen 2c.) sind bereits in dem Gesetz vom 20. Juli 1881 Bestimmungen erlassen. In diese Bestimmungen im Rahmen der jetzt ihm ertheilten Vollmacht ändernd einzugreifen, würde der Bundesrath formell nicht gehindert sein. Im Allgemeinen wird jedoch hiefür schwerlich ein Bedürfniß hervortreten, zumal im Verkehr mit Bier die Uebelstände, zu deren Beseitigung der § 5 des gegenwärtigen Gesetzes die rechtliche Grundlage beschafft, überwiegend außerhalb des Gast- und Schankwirthschaftsbetriebes liegen.

Indessen ist zu bemerken, daß über die Grenzen der Geltung des Gesetzes vom 20. Juli 1881 Zweifel bestehen. Insbesondere gehen die Meinungen darüber auseinander, ob der Begriff der „festverschlossenen Flaschen", welche nach § 6 von den Vorschriften des

Gesetzes nicht berührt werden, auch Flaschen mit Drahtbügelverschluß umfaßt.

Diese Zweifel werden, soweit es sich um den Einzelverkehr mit Bier handelt, vielleicht auf dem in § 5 unseres Gesetzes vorgesehenen Wege gelöst werden können.

Die Festsetzung von Fehlergrenzen ist obligatorisch und Voraussetzung für die Gültigkeit der Verordnung; die Bemessung der Fehlergrenzen ist der Beschlußfassung des Bundesraths überlassen.

5) **Strafen.** Die Vorschrift des § 5 und die auf Grund derselben ergehenden Beschlüsse des Bundesraths haben einen rein *gewerbepolizeilichen* Charakter. Zuwiderhandlungen verletzen zunächst die Verkehrsordnung und erst in zweiter Linie die Interessen einzelner Personen. Bei der Natur des Gegenstandes war es nicht angängig, die Kontrole über die Ausführung der Vorschriften in die Hände der Mitbewerber zu legen. Es können daher civilrechtliche Ansprüche, insbesondere Klagen auf Unterlassung oder Schadensersatz auf Grund des § 5 nicht geltend gemacht werden. Vielmehr werden Zuwiderhandlungen von Amtswegen verfolgt und als Uebertretungen mit einer Geldstrafe bis 150 Mark oder mit Haft geahndet. Eines Strafantrages bedarf es nicht; die gerichtliche Veröffentlichung des Strafurtheils ist nicht vorgesehen und daher unzulässig.

Die Strafe trifft denjenigen, welcher Waaren in anderen, als in den vorgeschriebenen Einheiten, bezw. ohne die vorgeschriebene Mengen- oder Inhaltsangabe in den Einzelverkehr bringt. Die Angabe muß selbstverständlich der Wirklichkeit entsprechen. Der Zuwiderhandlung gegen eine Verordnung, welche die Angabe *der* Menge erfordert, macht sich auch derjenige schuldig, welcher nicht die thatsächlich vorhandene Menge angiebt. Ueberdies kann, sofern die unrichtige Angabe an die Oeffentlichkeit tritt, die Strafbestimmung des § 4 Platz greifen.

§. 6.[1])

Wer zu Zwecken des Wettbewerbes[2]) über das Erwerbsgeschäft eines Anderen, über die Person des Inhabers oder Leiters des Geschäfts, über die Waaren oder gewerblichen Leistungen eines Anderen[3]) Behauptungen thatsächlicher Art[4]) aufstellt oder verbreitet, welche geeignet sind, den Betrieb des Geschäfts oder den Kredit des Inhabers zu schädigen,[5]) ist, sofern die Behauptungen nicht erweislich wahr[6]) sind, dem Verletzten zum Ersatze des entstandenen Schadens[7]) verpflichtet. Auch kann der Verletzte den Anspruch geltend machen, daß die Wiederholung oder Verbreitung der Behauptungen unterbleibe.[7])

Die Bestimmungen des ersten Absatzes finden keine Anwendung, wenn der Mittheilende oder der Empfänger der Mittheilung an ihr ein berechtigtes Interesse[8]) hat.

Zu § 6.

1) **Allgemeines.** Die §§ 6 und 7 sind unverändert aus der Regierungsvorlage übernommen. In den Motiven heißt es:

„Im Wesen der Reklame, auch soweit sie sich in den Grenzen des Erlaubten hält, ist das Bestreben begründet, das Ansehen der eigenen Leistungen auf Kosten der Werthschätzung fremder Leistungen in den Augen des Publikums zu heben. Wie die lobende Beurtheilung der eigenen, so kann auch die abfällige Kritik fremder Waare grundsätzlich nicht verboten werden.

Vom Standpunkte der geschäftlichen Moral aus findet indessen das Eine wie das Andere seine Schranke in der Pflicht, unwahre Angaben, die das Publikum irreführen und den Mitbewerber widerrechtlich schädigen würden, zu vermeiden.

Soweit unwahre Angaben in Beziehung auf einen Anderen den Thatbestand der Beleidigung ausmachen, sind sie nach Maßgabe des XIV. Abschnitts des II. Theils des Strafgesetzbuchs bereits strafbar. Insbesondere macht sich nach § 187 des Strafgesetzbuchs derjenige einer verleumderischen Beleidigung schuldig, der wider besseres Wissen in Beziehung auf einen Anderen eine unwahre Thatsache behauptet oder verbreitet, welche dessen Kredit zu gefährden geeignet ist. Indessen zeigt die Erfahrung, daß unwahre Ausstreuungen, ohne den Kredit eines Gewerbetreibenden zu schädigen, doch dessen Geschäftsbetrieb, namentlich den Absatz eines Geschäfts in empfindlichster Weise beeinträchtigen können. Behauptungen wie, eine Fabrik sei durch Feuer zerstört, eine Kohlengrube von eindringenden Wassermassen betroffen, die Herstellung oder der Vertrieb eines bestimmten Erzeugnisses habe eine Anklage oder eine Verurtheilung wegen Patentverletzung hervorgerufen, ein Färber benutze giftige Stoffe, ein Konservenfabrikant bleihaltige Gefäße, werden in manchen Fällen den Kredit des verleumdeten Geschäfts unberührt lassen, die bisherigen Abnehmer aber bestimmen, ihre Aufträge anderen Geschäften zuzuwenden. Sind solche Behauptungen wider besseres Wissen aufgestellt oder verbreitet, so verdienen sie nicht minder als Kredit gefährdende Verleumdungen strafrechtlich geahndet zu werden. Auf dieser Erwägung beruht die Bestimmung im § 7 des Entwurfs. . . .

In der strafrechtlichen Verfolgung unwahrer, den Absatz eines Gewerbetreibenden gefährdenden Ausstreuungen über die Fälle der bewußten Unwahrheit hinauszugreifen, ist schon deswillen nicht thunlich, weil auch wegen Kreditgefährdung nach § 187 des Strafgesetzbuchs eine Strafe nur denjenigen trifft, welcher der Unwahrheit seiner Behauptungen sich bewußt gewesen ist. Dagegen besteht kein innerer Grund, für die civilrechtlichen Rechtsbehelfe an dieser Schranke festzuhalten. Der Anspruch auf Schadensersatz und auf Unterlassung künftiger Störungen, welchen der § 6 des Entwurfs dem Verletzten einräumen will, ist in seiner praktischen Durchführbarkeit nur dann gesichert, wenn die Verantwortlichkeit eintritt, gleichviel ob bei der Aufstellung oder Verbreitung von Behauptungen das Bewußtsein von deren Unwahrheit vorlag oder nicht. Der hier und da gemachte Vorschlag, die Haftbarkeit auf diejenigen Fälle einzuschränken, in denen die Sorgfalt eines ordentlichen Kaufmanns versäumt worden ist, würde die Wirksamkeit der Vorschrift gefährden, ist aber auch deswegen zur Berücksichtigung nicht geeignet, weil der Anwendungsbereich der §§ 6 und 7 keineswegs auf das Verhältniß zwischen Kaufleuten beschränkt ist. Die Anschwärzung eines Erwerbsgeschäfts soll vielmehr zur Verantwortung gezogen werden, auch wenn sie von einer außerhalb des geschäftlichen oder gewerblichen Verkehrs stehenden Privatperson geübt wird.

Der gleiche Rechtsschutz, wie dem Betriebe eines Geschäfts, wird dem Kredit seines Inhabers nicht versagt bleiben dürfen. Auch in dieser Beziehung fehlt es bisher an einer sicheren Grundlage für civilrechtliche Ansprüche, was sich der unlautere Wettbewerb nicht selten zu empfindlicher Benachtheiligung des ehrlichen Geschäftsbetriebes zu Nutzen zu machen verstanden hat."

2) **Wer zu Zwecken des Wettbewerbes** . . . Es ist nicht nothwendig, daß derjenige, welcher die Behauptungen aufstellt 2c., Gewerbetreibender ist oder sonst im geschäftlichen Verkehr steht; er muß aber durch Rücksichten des Wettbewerbes zu seinem Handeln bestimmt sein, sei es, daß er das eigene Geschäft, falls er selbst Gewerbetreibender ist, sei es, daß er das Geschäft eines Anderen fördern wollte. Aeußerungen, deren Veranlassung nicht auf dem Gebiete der Konkurrenz liegt, also z. B. harmlos gemeinte

Aeußerungen gelegentlich einer geselligen Unterhaltung, oder Aeußerungen, welche — wenn auch nicht harmlos gemeint — so doch nur die Herabsetzung der Person des Betroffenen beabsichtigen, sind aus § 6 nicht verfolgbar. Der Nachweis, daß die Nachrede zu Zwecken des Wettbewerbes geschehen, ist vom Kläger zu führen.

3) **Das Erwerbsgeschäft eines Andern, die Person des Inhabers oder Leiters eines Geschäfts, die Waaren oder gewerblichen Leistungen eines Andern** sollen gegen üble Nachrede im Konkurrenzkampfe geschützt sein. Es fallen unter die Bestimmung alle Behauptungen, welche nach Art der in den Motiven angeführten, unter Nr. 1 wiedergegebenen Beispiele auf ein anderes Geschäft, dessen Inhaber oder Waaren sich beziehen. Neben dem Inhaber eines Geschäfts ist der Leiter genannt, um klarzustellen, daß beispielsweise die Direktoren von Aktiengesellschaften, von Genossenschaften, von Betriebsunternehmen im Interesse der Anstalten, an deren Spitze sie stehen, geschützt werden sollen. Der Schutz beschränkt sich jedoch auf die leitenden Persönlichkeiten; Handlungsgehilfen, Werkmeister 2c. sind nicht inbegriffen. Ueber den Begriff „Waare" nnd „gewerbliche Leistungen" vergl. die Nr. 8 der Erläuterungen zu § 1.

4) **Behauptungen thatsächlicher Art.** Urtheile werden nicht getroffen; über die Grenze zwischen Urtheilen uud thatsächlichen Behauptungen vergl. die Nr. 13 der Erläuterungen zu § 1. Daß die Behauptungen an die Oeffentlichkeit getreten seien, ist im Gegensatz zu § 1 nicht erforderlich.

5) **Geeignet, den Betrieb des Geschäfts oder den Kredit des Inhabers zu schädigen.** Neben der Richtung auf den Konkurrenzzweck muß die Behauptung objektiv geeignet sein, den Betroffenen in seiner geschäftlichen Thätigkeit oder in seinem Kredit zu benachtheiligen. Eine Schädigung des Geschäftsbetriebes liegt vor allem in der Schmälerung des Absatzes, in der Entziehung von Kunden, sodann aber in jeder Erschwerung der Geschäftsführung. Der erste Entwurf (S. 17) sprach lediglich von einer Schädigung des Absatzes; vermöge der Verallgemeinerung der Fassung sind die Vorschriften in §§ 6 und 7 auch für andere, als Waarengeschäfte, z. B. für Banken, Versicherungsanstalten, Rhedereien 2c. nutzbar gemacht.

Die Kreditschädigung liegt nicht, oder wenigstens nicht immer im Rahmen einer Betriebsschädigung; sie bedurfte daher besonderer Erwähnung. Das geltende Recht gewährt selbst für den in § 187 St.G.B. unter öffentliche Strafe gestellten Fall einer Kreditgefährdung durch bewußt unwahre Behauptungen keinen unbedingten Civilanspruch auf Schadensersatz. Indem nunmehr das vorliegende Gesetz an die Kreditgefährdung durch nicht erweislich wahre Behauptungen civilrechtliche Folgen knüpft, umfaßt es mit diesen Rechtsfolgen selbstverständlich auch die schwereren Fälle der bewußten Verleumdung. In dem Kommissionsbericht zu § 7 (S. 18) ist zutreffend bemerkt, daß die gegen den § 7 verstoßenden Handlungen zugleich unter den § 6 fallen und daher die Schadensersatzpflicht ohne Weiteres nach sich ziehen.

Der Entwurf des Bürgerlichen Gesetzbuchs will die jetzt bestehende Lücke im Civilrechte durch folgende Bestimmung ausfüllen (§ 808):

> „Wer der Wahrheit zuwider eine Thatsache behauptet oder verbreitet, die geeignet ist, den Kredit eines Anderen zu gefährden . . . ., hat dem Anderen den daraus entstehenden Schaden auch dann zu ersetzen, wenn er die Unwahrheit zwar nicht kennt, aber kennen muß."

Auch nach dem Inkrafttreten dieser allgemeinen Bestimmung wird die auf die Verhältnisse des Wettbewerbes berechnete besondere Rechtsnorm des § 6 unseres Gesetzes ihre Geltung behalten. Dies ist praktisch insofern von Bedeutung, als nach § 6 die Beweispflicht des Verletzten sich wesentlich leichter gestaltet, als nach der Vorschrift des Bürgerlichen Gesetzbuchs.

6) **Sofern die Behauptungen nicht erweislich wahr sind.** Abweichend von dem französischen Recht, welches selbst die Verbreitung wahrer Behauptungen, insoweit sie den Mitbewerber schädigen, als unstatthaftes dénigrement verfolgt, fällt nach dem deutschen Gesetz jeder Anspruch weg, wenn die den Geschäftsbetrieb oder den Kredit eines Anderen schädigenden Behauptungen als wahr erwiesen werden. Hiermit ist jedoch die Verbreitung wahrer Behauptungen keineswegs schlechthin freigegeben. Wenn einem Mitbewerber die Thatsache einer früheren Verurtheilung, eines Konkurses, der Zurücksendung einer Waarenpartie in herabwürdigender Weise nachgesagt wird, so sind hiermit je nach den Umständen die strafrechtlichen Voraussetzungen der Beleidigung gegeben; und dieser

Rechtszustand wird selbstverständlich dadurch nicht berührt, daß unter dem Gesichtspunkt des unlauteren Wettbewerbs nur die Verbreitung unwahrer Behauptungen verfolgt werden kann.

Die dem § 186 St.G.B. entlehnte Fassung bringt für den Civilprozeß zum Ausdruck, daß die Beweislast hinsichtlich der Wahrheit der Betrieb oder Kredit schädigenden Behauptungen demjenigen zufallen soll, welcher die Behauptungen aufgestellt oder verbreitet hat. Für den Bereich des Wettbewerbes ist es zutreffend, wenn die Motive bemerken, daß es nicht der Billigkeit entsprechen würde, den Beweis der Unwahrheit dem Verletzten aufzuerlegen. Voraussetzung des Anspruchs ist also streng genommen nicht die Unwahrheit, sondern die Nichterweislichkeit der Behauptungen. Der gute Glaube an die Wahrheit und an die Erweislichkeit der Behauptungen schützt den Beklagten nicht; seine Verurtheilung muß erfolgen, wenn ihm der Beweis der Wahrheit mißlingt.

7) **Anspruch auf Schadensersatz und auf Unterlassung.** Die Schadensersatzklage ist, wie es in der Natur der Sache liegt, an die Voraussetzung gebunden, daß ein Schaden entstanden oder ein Gewinn entgangen ist. Dieser Nachweis ist nach Maßgabe des § 260 der Civ.Pr.Ord. vom Kläger zu führen (vergl. Nr. 17 Absatz 2 der Erl. zu § 1). Die Unterlassungsklage kann unabhängig von der Entstehung eines Schadens angestellt werden: im Uebrigen greifen die gleichen Voraussetzungen Platz, wie für die Ersatzklage. Beide Ansprüche können gegebenenfalls mit einander verbunden werden. Aktiv legitimirt ist nur der Verletzte. Der örtliche Gerichtsstand bestimmt sich nach der Civ.Pr.Ord. (vergl. Nr. 2 Absatz 2 der Erl. zu § 2), ebenso der Erlaß einstweiliger Verfügungen (vergl. Nr. 1 Absatz 1 der Erl. zu § 3).

Ueber die Verjährung des Anspruchs sind in § 11, über die Veröffentlichung des Urtheils in § 13 des Gesetzes besondere Vorschriften getroffen.

8) **Berechtigte Interessen.** Auch wenn die in Absatz 1 des § 6 festgesetzten Vorbedingungen gegeben sind, findet ein Anspruch auf Schadensersatz oder auf Unterlassung nicht statt, sofern die Aufstellung oder Verbreitung nicht erweislich wahrer Behauptungen in Wahrnehmung berechtigter Interessen geschehen ist, mögen letztere auf Seiten des Mittheilenden oder auf Seiten des Empfängers der Mit-

theilung liegen. Ob ein berechtigtes Interesse vorhanden, ist nach den Umständen des Falls zu beurtheilen. Nach der gesetzgeberischen Absicht, wie sie in den Motiven (S. 18) und in dem Berichte der Reichstags-Kommission (S. 17) übereinstimmend zum Ausdruck gebracht ist, soll vor Allem das im Geschäftsverkehr unentbehrliche Institut der Auskunftsertheilung unter dem Schutz der berechtigten Interessen stehen. „Wer eine Auskunft nachsucht, um hiernach seine Geschäftsbeziehungen zu einem Anderen zu regeln, und wer eine Auskunft nach bestem Wissen ertheilt, befindet sich in Wahrnehmung berechtigter Interessen und darf auch dann nicht haftbar gemacht werden, wenn die Auskunft ungünstig lautet." Hierbei macht es keinen Unterschied, ob die Auskunftsertheilung als besonderes Erwerbsgeschäft oder von kaufmännischen und gewerblichen Schutzvereinen zur Sicherung ihrer Mitglieder gegen Verluste oder im gegenseitigen Verkehr der Kaufleute betrieben wird. Namentlich in dem letzten Fall wird es häufig der Empfänger der Mittheilung sein, in dessen Person das Erforderniß eines berechtigten Interesses erfüllt ist. Unter diesem Gesichtspunkte hat die Reichstags-Kommission unter Ablehnung eines die Einschränkung des Vorbehalts bezweckenden Antrages die Gleichstellung des Empfängers der Mittheilung mit dem Mittheilenden selbst aufrechterhalten.

§. 7.[1])

Wer wider besseres Wissen[2]) über das Erwerbsgeschäft eines Anderen, über die Person des Inhabers oder Leiters des Geschäfts, über die Waaren oder gewerblichen Leistungen eines Anderen unwahre Behauptungen thatsächlicher Art aufstellt oder verbreitet, welche geeignet sind, den Betrieb des Geschäfts zu schädigen, wird mit Geldstrafe bis zu eintausendfünfhundert Mark oder mit Gefängniß bis zu einem Jahre bestraft.[3])

Zu § 7.

1) **Allgemeines.** Der § 7 behandelt die an die Herabsetzung eines fremden Erwerbsgeschäfts durch unwahre Ausstreuungen sich knüpfenden strafrechtlichen Folgen. Hinsichtlich der allgemeinen Begründung ist auf Nr. 1 der Erl. zu § 6 zu verweisen. Der

Thatbestand ist bis auf die nachfolgend erörterten Abweichungen der civilrechtlichen Vorschrift des § 6 nachgebildet.

2) **Voraussetzungen der Bestrafung.** Der Thäter muß ebenso wie nach § 187 St.G.B. wider besseres Wissen gehandelt, d. h. die Kenntniß von der Unwahrheit seiner Behauptungen besessen haben. Dieses Erforderniß bedingt zugleich den Nachweis der Unwahrheit; der Mangel des Wahrheitsbeweises genügt nicht.

Ein weiterer Unterschied gegenüber dem § 6 beruht darin, daß bewußt unwahre Ausstreuungen auch dann, wenn sie nicht auf Konkurrenzzwecke zurückzuführen sind, strafrechtlich verfolgt werden können. Mag das Gesetz hiermit auch über die Aufgabe, die es sich gestellt hat, hinausgreifen, so wäre es doch bei der Schwere des sittlichen Verstoßes nicht richtig gewesen, die Bestrafung bewußt unwahrer und zur Schädigung eines fremden Geschäftsbetriebes objektiv geeigneter Behauptungen von einer bestimmten Richtung des dolus abhängig zu machen.

Kreditgefährdende Verleumdungen fallen nicht unter die Strafvorschriften dieses Gesetzes; sie werden, wie unter Nr. 1 der Erl. zu § 6 bemerkt, durch § 187 St.G.B. getroffen. Ein Vorbehalt zu Gunsten berechtigter Interessen ist im § 7 nicht gemacht; die strafrechtliche Verantwortlichkeit trifft also auch Denjenigen, welcher im Wege der kaufmännischen Auskunftsertheilung wider besseres Wissen unwahre Behauptungen über einen Gewerbetreibenden aufstellt oder verbreitet.

Wegen der übrigen Merkmale des strafrechtlichen Thatbestandes vergl. Nr. 3 bis 5 der Erl. zu § 6.

Der Versuch ist nicht strafbar (§ 43 Absatz 2 St.G.B.); hinsichtlich der Theilnahme finden §§ 47 bis 49 St.G.B. Anwendung; die Verantwortlichkeit der Presse regelt sich nach §§ 20 und 21 des Preßgesetzes.

3) **Strafen.** Die Motive bemerken:

„Mit Rücksicht auf den höheren Grad von Verwerflichkeit des hier bezeichneten im Vergleich zu dem im § 4 behandelten Thatbestande ist schon für den ersten Fall die Verhängung einer Freiheitsstrafe zugelassen und die Strafandrohung noch insofern verschärft, als die Haftstrafe ausgeschieden und die höchst zulässige Dauer der Gefängnißstrafe auf ein Jahr erstreckt worden ist. Immerhin gewähren die Vorschläge des Entwurfs dem richterlichen Ermessen einen weiten Spielraum zur milderen Beurtheilung von leichten Fällen; namentlich ist auch hier die Fassung so gewählt, daß für diejenigen Fälle, in denen die Verhängung einer mäßigen Geldstrafe angezeigt erscheint, deren Umwandlung in eine Haftstrafe nicht grundsätzlich ausgeschlossen wird (§ 28 des Strafgesetzbuchs)."

Ebenso wie nach § 4 setzt die Strafverfolgung eiuen Antrag voraus und geschieht der Regel nach im Wege der Privatklage (§ 12). Im Fall einer Verurtheilung ist dem Verletzten die Befugniß zur Veröffentlichung des Urtheils zuzusprechen, im Fall einer Freisprechung kann das Gericht die Bekanntgabe anordnen (§ 13). Neben der Strafe kann auf eine Buße erkannt werden (§ 14).

Ueber die örtliche Zuständigkeit des Gerichts vergl. Nr. 2 der Erl. zu § 2; über die sachliche Zuständigkeit, sowie über die Verjährung der Strafverfolgung und der Strafvollstreckung vergl. Nr. 3, letzter Absatz der Erl. zu § 4.

4) **Civilrechtliche Folgen.** Es versteht sich auch ohne ausdrückliche Bestimmung von selbst, daß der in § 7 behandelte Thatbestand auch die Verpflichtung zum Schadensersatz an den Verletzten nach sich zieht, soweit ein Schaden entstanden ist (vergl. Nr. 5 Absatz 2 der Erl. zu § 6). Ebenso kann der Verletzte den Anspruch geltend machen, daß die Wiederholung oder Verbreitung der unwahren Behauptungen unterbleibe.

§. 8.[1])

Wer im geschäftlichen Verkehr[2]) einen Namen, eine Firma oder die besondere Bezeichnung eines Erwerbsgeschäfts,[3]) eines gewerblichen Unternehmens[3]) oder einer Druckschrift[3]) in einer Weise benutzt, welche darauf berechnet und geeignet ist, Verwechselungen[4]) mit dem Namen, der Firma oder der besonderen Bezeichnung hervorzurufen, deren sich ein Anderer befugterweise[5]) bedient, ist diesem zum Ersatze des Schadens[5]) verpflichtet. Auch kann der Anspruch auf Unterlassung[5]) der mißbräuchlichen Art der Benutzung geltend gemacht werden.

Zu § 8.

1) **Allgemeines.** Eine besonders gefährliche Form des unlauteren Wettbewerbes ist die auf Verwechselungen berechnete An-

eignung fremder Unterscheidungszeichen. Der in den bestehenden Gesetzen hiergegen gewährte Rechtsschutz bedarf nach einzelnen Richtungen hin der Vervollständigung.'

Das Handelsgesetzbuch stellt zur Sicherung des für den geschäftlichen Verkehr wichtigsten Unterscheidungszeichens das Prinzip der Wahrheit und der Ausschließlichkeit der Firma auf. Jede Firma soll den thatsächlichen Verhältnissen entsprechen, sodaß beispielweise der Einzelkaufmann nur seinen bürgerlichen Namen mit oder ohne Vornamen als Firma führen darf; jeder ein Gesellschaftsverhältniß andeutende Zusatz ist untersagt. Und jede neue Firma soll sich von allen an demselben Ort bereits bestehenden Firmen deutlich unterscheiden (Art. 15ff. Hand.Ges.B.).

Der Grundsatz der Verität gelangte aber nicht zur strengen Durchführung; auch erleidet er im Interesse der erleichterten Uebertragbarkeit bestehender Handelsgeschäfte eine Ausnahme (Art. 22 Hand.Ges.B.), vermöge deren der Wechsel in der Inhaberschaft eine Firmenänderung in der Regel nicht nach sich zieht. Es sind also Schiebungen zum Zweck der Täuschung über die Persönlichkeit des Geschäftsinhabers nicht ausgeschlossen; und die für mehrere größere Städte (Krefeld, Koblenz, Osnabrück, München-Gladbach, in neuester Zeit auch Berlin) auf polizeilichem Wege erlassenen, durch kammergerichtliches Urtheil vom 15. Mai 1894 für rechtsgültig anerkannten Verordnungen, durch welche die Inhaber offener Geschäfte zur Anbringung ihres vollen Namens an dem Geschäftslokal verpflichtet werden, können — so wohlthätig sie im Allgemeinen wirken — Mißbräuche doch nicht vollständig verhindern.

Auch das Prinzip der Unterscheidbarkeit der Firmen gewährt keinen vollkommenen Schutz. Seine Anwendung muß sich auf Firmen desselben Ortes beschränken. Zudem erachtet die Rechtsprechung selbst geringere Unterscheidungsmerkmale für ausreichend, ohne hierbei dem Umstande, daß die Wahl der einer bestehenden ähnlichen Firma auf Täuschung berechnet war, einen Einfluß auf die Entscheidung zuzuerkennen (vergl. Entsch. des Reichsgerichts in Civilsachen Bd. 20 S. 71ff.).

Den aus diesem Rechtszustande sich ergebenden Uebelständen Abhülfe zu schaffen, war n i c h t die Aufgabe des vorliegenden Gesetzes. Die Motive verweisen in dieser Beziehung vielmehr auf die bereits in Angriff genommene Revision des Handelsgesetzbuchs.

„Bei der gegenwärtigen Gelegenheit" — heißt es in den Motiven weiter — „kann es sich nur darum handeln, in der Benutzung von Firmen, welche den geltenden Vorschriften gemäß zur Eintragung gelangt sind, und ebenso in der Benutzung von — nicht im Firmenregister verzeichneten — Namen gewissen auf dem Gebiete der unlauteren Konkurrenz liegenden Mißbräuchen entgegenzutreten. Es liegt nicht im Rahmen des vorliegenden Entwurfs, einen Gewerbetreibenden, dessen Namen mit der Firma eines an einem Orte domizilirenden Konkurrenten übereinstimmt, an der Führung seines Namens als Firma schlechthin zu verhindern. Wohl aber soll es ihm im Interesse der geschäftlichen Moral verboten werden, die Synonymität, mag diese eine zufällige oder eine absichtlich herbeigeführte sein, in einer Weise auszubeuten, welche gerade darauf berechnet ist, Verwechselungen hervorzurufen. Er wird also beispielsweise auf der Waare, in Empfehlungskarten, in Korrespondenzen seinen Namen nicht in einer Weise anbringen dürfen, welche auf die Irreführung des Publikums zum Nachtheil eines in der Geschäftswelt bereits bekannten Trägers gleichen Namens abzielt. Die hierin liegende Beschränkung im Gebrauch des eigenen Namens ist durch bedauerliche Vorkommnisse der neueren Zeit gerechtfertigt; sie enthält übrigens insofern nichts Ungewöhnliches, als schon im Art. 20 des Handelsgesetzbuchs die Zulässigkeit einer solchen Beschränkung im Prinzip anerkannt ist."

„Ein gleichartiger Schutz wie für Namen und Firmen ist für sonstige eigenthümliche und zur Unterscheidung bestimmte Geschäftsbezeichnungen in Aussicht genommen.

Die zunehmende Bedeutung sogenannter Phantasienamen für den Verkehr hat bereits im Waarenbezeichnungsgesetze durch die bedingungsweise Zulassung von Zeichen, welche ausschließlich in Worten bestehen, Anerkennung gefunden. Auch auf dem Gebiete der Bezeichnung von Erwerbsgeschäften bürgert sich nach dem Vorgange des Auslandes bei uns mehr und mehr die Gewohnheit ein, die Aufmerksamkeit des Publikums durch frei erfundene Schlagworte anzuregen. In allen größeren Städten finden sich Reklamenamen, wie „Goldene Neun", „Zum Kleider-Engel" und dergl. Es ist aber als ein Verstoß gegen die geschäftliche Ehrlichkeit anzusehen, wenn ein solcher Name, nachdem er sich ein gewisses Ansehen im Publikum erworben hat, von anderen Gewerbetreibenden zu dem Zweck verwerthet wird, um Verwechselungen hervorzurufen. Hierher gehören auch Fälle, wie sie in der öffentlichen Diskussion des letzten Jahres wiederholt zur Sprache gebracht worden sind, daß die frei gewählten Bezeichnungen, welche von Hotels, Gastwirthschaften, Verkehrsanstalten rc. neben Namen oder Firma geführt werden, von der unlauteren Konkurrenz zum Schaden der Inhaber ausgebeutet werden. Der dagegen von dem Entwurf beabsichtigte Schutz ist selbstverständlich in allen Fällen, die der Ausdruck „die besondere Bezeichnung eines Erwerbsgeschäfts“ umfaßt, dadurch bedingt, daß die Bezeichnung einen eigenthümlichen und unterscheidenden Charakter hat.“

Die Vorschrift des § 8 hat mit dem Schutz der Waarenbezeichnungen im Sinne des Gesetzes vom 12. Mai 1894 nur vereinzelte Berührungspunkte und kann auch nur bedingt als eine Ergänzung dieses Schutzes bezeichnet werden. Der Hauptinhalt des Gesetzes von 1894 beruht in dem Verbot der Verwendung des Namens oder der Marke eines Anderen zur Waarenbezeichnung, während der § 8 unseres Gesetzes für das gesammte Gebiet des geschäftlichen Verkehrs — also über den Rahmen der Waarenbezeichnung hinaus — gewisse Beschränkungen in der Benutzung auch des eigenen Namens ꝛc. begründet. Völlig verfehlt war es, wenn innerhalb der Reichstagskommission vorgeschlagen worden ist (S. 19 des Berichts), den Anwendungsbereich des § 8 auf die Bezeichnung von Waaren auszudehnen. Hierdurch würde eine rechtsverwirrende Kollision mit dem Gesetz von 1894 geschaffen worden sein. Der Vorschlag ist deshalb abgelehnt worden.

2) **Wer im geschäftlichen Verkehr ...** Die Vorschrift richtet sich nicht nur gegen Gewerbetreibende. Auch Privatpersonen können in Anspruch genommen werden; ebenso Angestellte eines Geschäfts, Reisende, Prokuristen, Werkführer, insoweit sie kraft eigener Entschließung, und nicht bloß als Organe eines fremden Willens handeln. Die Handlung muß im Bereich des geschäftlichen (gewerblichen, kaufmännischen, industriellen ꝛc.) Verkehrs liegen. Namensverwechselungen auf dem Gebiete des persönlichen Verkehrs vorzubeugen, ist nicht Aufgabe des Gesetzes.

3) **Namen, Firma, besondere Bezeichnung eines Erwerbsgeschäftes, eines gewerblichen Unternehmens, einer Druckschrift.** Name ist im Allgemeinen der bürgerliche Name, jedoch umfaßt der Begriff auch Pseudonyme (vergl. die Erklärung des Regierungskommissars S. 2185 des Sten. Ber.). Firma ist der Name, unter dem ein Kaufmann — gleichviel, ob Einzelkaufmann, offene Handelsgesellschaft, Aktiengesellschaft ꝛc. — Geschäfte betreibt. Die Eintragung in das Firmenregister ist nicht Voraussetzung des Schutzes aus § 8. Daß die Vorschrift hauptsächlich gegen die mißbräuchliche

Benutzung des eigenen Namens und der eigenen Firma sich richtet, ist unter Nr. 1 ausgeführt.

Hinsichtlich des Begriffs „besondere Bezeichnung eines Erwerbsgeschäftes" ist unter Nr. 1 aus den Motiven bemerkt, daß die Bezeichnung einen eigenthümlichen und unterscheidenden Charakter haben muß. „Allgemein übliche Bezeichnungen, wie z. B. Kleiderbazar, Steh-Bierhalle können nicht zu Gunsten eines Einzelnen monopolisirt werden, selbst wenn derselbe an einem bestimmten Orte zuerst sich dieser Bezeichnung bedient haben sollte" (Motive). Auch Worte, welche zur Bezeichnung eines bestimmten Begriffs unentbehrlich sind, ferner Buchstaben und Zahlen dürfen an sich dem Allgemeingebrauch im geschäftlichen Verkehr nicht entzogen werden, während sie in Verbindung mit anderen Worten, Buchstaben oder Zahlen den Schutz des § 8 erlangen können. Ebenso sind figürliche Zeichen, z. B. das Flaggenzeichen eines Rhedereigeschäfts, das Wappen einer Buchhandlung als Bezeichnungen im Sinne des § 8 anzusehen. Daß Bezeichnungen, welche gegen die gute Sitte verstoßen, nicht geschützt werden, ergiebt sich aus allgemeinen Rechtsgrundsätzen.

Der Ausdruck „Erwerbsgeschäft" sollte nach den Motiven ein Doppeltes umfassen: einerseits die Gesammtheit eines Geschäftsbetriebes, andererseits die einzelnen zu diesem Betriebe gehörigen Unternehmungen. Im Interesse größerer Klarheit hat das Gesetz nach dem Vorschlage der Reichstagskommission das gewerbliche Unternehmen besonders genannt und dem Erwerbsgeschäft an die Seite gestellt. Der Begriff „gewerblich" greift auch hier über den Anwendungsbereich der Gewerbeordnung hinaus (vergl. Nr. 8 der Erl. zu § 1).

Auch die Einschaltung der „Druckschrift" beruht auf einem durch Petitionen aus den Kreisen des Buch- und Zeitungsverlags veranlaßten Beschlusse des Reichstags. Der Schutz der Bücher- und Zeitungstitel ist nach dem bisherigen Rechtszustande ein prekärer. Daß der Titel kein Geistesprodukt ist und deshalb nicht unter dem Schutze des Urheberrechtgesetzes steht, wird heute allgemein angenommen. Zweifelhaft ist, ob er als Waarenzeichen gelten kann. Das Patentamt hat die Frage bejaht, indem es den Titel einer periodisch erscheinenden Fachzeitschrift in das Zeichenregister eingetragen hat. Die zeichenrechtliche Wirksamkeit der Eintragung ist jedoch angefochten und steht dem Vernehmen nach zur Zeit (Mai 1896) zur Entscheidung des Reichsgerichts. — Durch § 8 des vorliegenden Gesetzes wird nunmehr unabhängig von der Eintragung den Bücher- und Zeitungstiteln ein Schutz gegen unbefugte Aneignung durch einen Dritten eingeräumt. Der Begriff „Druckschrift“ umfaßt im Sinne des § 2 des Preßgesetzes alle Erzeugnisse der Buchdruckerpresse, sowie alle anderen durch mechanische oder chemische Mittel bewirkten, zur Verbreitung bestimmten Vervielfältigungen von Schriften und bildlichen Darstellungen mit oder ohne Schrift und von Musikalien mit Text oder Erläuterungen.

4) **Berechnet und geeignet, Verwechselungen . . . hervorzurufen.** Die Art der Benutzung eines Namens ꝛc. muß objektiv geeignet und vom Standpunkt des Benutzenden darauf berechnet sein, Verwechselungen hervorzurufen. Die gutgläubige Benutzung eines verwechselungsfähigen Namens kann auch mit der Unterlassungsklage nicht verfolgt werden. In den Motiven ist hierzu bemerkt, daß die aus § 8 herzuleitende Beschränkung in der Benutzung selbst des eigenen Namens nur beim Vorhandensein einer fraudulösen Absicht sich rechtfertigen lasse.

Der Nachweis dieser Absicht wird im Allgemeinen unschwer zu erbringen sein. Wenn beispielsweise in unmittelbarer Nähe eines seit Jahren bestehenden „Ersten Berliner Gesindevermiethungskontor“ ein Institut unter der Firma „Großes Berliner Gesindevermiethungskontor“ eröffnet wird, — ein Fall, welcher in der reichsgerichtlichen Entscheidung vom 24. Januar 1895 (Entsch. in Civ.-Sachen Bd. 35 S. 166) unter anderen Gesichtspunkten behandelt ist, — so deuten die Verhältnisse ohne Weiteres darauf hin, daß das neue Institut mit dem älteren verwechselt zu werden bezweckt. Auf die gleiche Absicht ist dann zu schließen, wenn auf künstlichem Wege, etwa durch Annahme eines Gesellschafters, dessen Name an einen im Verkehr renommirten Namen anklingt oder mit demselben völlig übereinstimmt, für ein Konkurrenzunternehmen Synonymität der Firma geschaffen, oder wenn von einem bekannten naturwissenschaftlichen Werke der Name des Autors B. vielleicht mit dem Zusatze „der kleine B.“ einem anderen Werke ähnlichen Inhalts auf das Titelblatt gesetzt wird.

Die Entscheidung des einzelnen Falls muß nach Lage der Umstände getroffen werden. Für die Beurtheilung der Verwechselungsmöglichkeit ist der Standpunkt des Konsumenten bezw. des Publikums maßgebend: geringfügige, im Verkehr schwer erkennbare Abweichungen, Abkürzungen oder Zusätze schließen die Anwendbarkeit des § 8 nicht aus. Auch die abgekürzte Form einer Namens- rc. Bezeichnung, z. B. die Verwendung der Initialen von Namen oder Firmen, ist durch § 8 gegen unbefugte Nachahmung geschützt.

5) **Klagen.** Die Rechtsfolgen einer Zuwiderhandlung gegen § 8 sind nur civilrechtlicher Art. Eine Strafandrohung war, wie die Motive bemerken, schon deswegen entbehrlich, weil nur die Verletzung berechtigter Interessen von einzelnen bestimmten Mitbewerbern in Frage kommt.

Die Erhebung eines civilrechtlichen Anspruchs steht Demjenigen zu, welcher sich des Namens, der Firma oder der besonderen Bezeichnung befugterweise bedient. Der Kläger hat also seine Legitimation zur Führung des Namens rc. darzuthun; zu diesem Zweck wird im Allgemeinen der Nachweis genügen, daß er den Namen früher als der Beklagte benutzt hat. Immerhin kann ihm hier der Einwand aus dem besseren Rechte eines Dritten entgegengehalten werden. Hat der Kläger selbst den Namen rc. unberechtigter Weise entlehnt, so kann er Ansprüche überhaupt nicht geltend machen.

Die Klage ist auf Schadensersatz oder auf Unterlassung zu richten; auf Schadensersatz selbstverständlich nur dann, wenn ein Schaden entstanden ist. Auch hier ist die Verbindung beider Ansprüche zulässig.

Ueber den örtlichen Gerichtsstand und über den Erlaß einstweiliger Verfügungen vergl. Nr. 7 der Erl. zu § 6.

Das Schutzrecht aus § 8 ist zeitlich unbeschränkt, was hinsichtlich der Druckschriften-Titel insofern eine Anomalie ergiebt, als der Urheberschutz der Druckschrift selbst an eine bestimmte Frist gebunden ist.

Die einzelnen Ansprüche aus § 8 verjähren in 6 Monaten bezw. 3 Jahren (§ 11); nach Verlauf dieser Frist kann die fernere Führung eines unbefugt entlehnten Namens nicht mehr verhindert werden.

Ueber die Veröffentlichung des Urtheils vergl. § 13.

§. 9.[1])

Mit Geldstrafe bis zu dreitausend Mark oder mit Gefängniß bis zu einem Jahre wird bestraft,[9]) wer als Angestellter, Arbeiter oder Lehrling[2]) eines Geschäftsbetriebes Geschäfts- oder Betriebsgeheimnisse,[3]) die ihm vermöge des Dienstverhältnisses anvertraut oder sonst zugänglich geworden sind,[4]) während der Geltungsdauer des Dienstverhältnisses[5]) unbefugt an Andere zu Zwecken des Wettbewerbes[6]) oder in der Absicht, dem Inhaber des Geschäftsbetriebes Schaden zuzufügen[6]) mittheilt.[7])

Gleiche Strafe trifft denjenigen, welcher Geschäfts- oder Betriebsgeheimnisse, deren Kenntniß er durch eine der im Absatz 1 bezeichneten Mittheilungen oder durch eine gegen das Gesetz oder die guten Sitten verstoßende eigene Handlung erlangt hat, zu Zwecken des Wettbewerbes unbefugt verwerthet oder an Andere mittheilt.[8])

Zuwiderhandlungen verpflichten außerdem zum Ersatze des entstandenen Schadens.[10]) Mehrere Verpflichtete haften als Gesammtschuldner.

Zu § 9.

1) **Allgemeines.** Ueber die Schwierigkeiten, welche einer befriedigenden Lösung der Frage des Schutzes von geschäftlichen Geheimnissen sich entgegenstellten, und über die Wandlungen, welche die Angelegenheit in den verschiedenen Stadien der Gesetzes-Vorbereitung durchgemacht hat, ist in der Einleitung (S. 32) kurz berichtet worden. Es würde bei der Fülle des Stoffes zu weit führen und für die praktische Anwendung der schließlich zum Gesetz erhobenen Bestimmung wenig verwerthbares Material liefern, wenn die Gesichtspunkte, welche für die einzelnen inzwischen wieder aufgebenen Vorschläge leitend waren und die dafür und dawider geltend gemachten Argumente hier zur erschöpfenden Darstellung gelangen sollten. Wir begnügen uns daher im Allgemeinen mit dem Hinweis auf die Motive (S. 20 ff.), den Bericht der Reichstags-Kommission (S. 21 ff.) und die Verhandlungen im Plenum (Sten. Ber. S. 1723 ff. und 2185 ff.).

In dem an den Reichstag gelangten Entwurf hatte der erste Absatz des § 9 folgende Fassung:

„Mit Geldstrafe bis zu dreitausend Mark oder mit Gefängniß bis zu einem Jahre wird bestraft:

1) wer als Angestellter, Arbeiter oder Lehrling eines Geschäftsbetriebes Geschäfts- oder Betriebsgeheimnisse, die ihm vermöge des Dienstverhältnisses anvertraut oder sonst zugänglich geworden sind, während der Geltungsdauer des Dienstvertrages,
2) wer Geschäfts- oder Betriebsgeheimnisse, die ihm als Angestellten, Arbeiter oder Lehrling eines Geschäftsbetriebes gegen die schriftliche, den Gegenstand des Geheimnisses ausdrücklich bezeichnende und für einen bestimmten Zeitraum gegebene Zusicherung der Verschwiegenheit anvertraut worden sind, dieser Zusicherung entgegen nach Ablauf des Dienstvertrages

unbefugt an Andere zu Zwecken des Wettbewerbes mittheilt."

Zur näheren Kennzeichnung des Standpunktes, auf dem dieser Vorschlag beruhte, und in Ergänzung des Inhalts der Motive wurde seitens der Regierung in der Reichstags-Kommission die nachfolgende Erklärung abgegeben:

„. . . Die verbündeten Regierungen erkennen das Verlangen, daß die Angestellten und Lehrlinge in ihrem Fortkommen nicht behindert werden, als vollkommen berechtigt an. Sie haben deshalb den zuerst veröffentlichten Entwurf abgeändert und sind der Meinung gewesen, daß in der jetzt vorliegenden Fassung ein Ausgleich geboten sei, mit dem sich auskommen lassen werde. Wenn man dies von den verschiedensten Seiten bestritten hat, so ist dabei die Tragweite der vorgeschlagenen Bestimmungen vielleicht nicht ganz richtig gewürdigt worden. Zunächst verpönen dieselben nicht, wie der frühere Entwurf, die Verwerthung von Geheimnissen im eigenen Geschäft, sondern nur deren Mittheilung an Andere, und auch diese nach Ablauf des Dienstvertrages nur, soweit sie zum Gegenstande einer Schweigepflicht gemacht sind. Verpönt ist ferner nur die Weiterverbreitung zu Zwecken des Wettbewerbes. Dadurch scheiden eine Menge von Fällen aus. Wo der Wettbewerb mit dem früheren Geschäft ausgeschlossen ist, ist auch die Anwendung des Entwurfes ausgeschlossen. Wenn, wie behauptet wird, der Großhandel Geschäftsgeheimnisse nicht kennt, so können sie auch nicht verrathen werden. Der Kleinhandel aber und das Kleingewerbe sind auf ein räumlich beschränktes Absatzgebiet angewiesen. Nur auf diesem Gebiet sind sie dem Wettbewerb ausgesetzt, darüber hinaus erstreckt sich auch die Schweigepflicht nicht. Ein Schuhmacherlehrling, der in Jüterbog ausgelernt hat, wird Geschäftsgeheimnisse, die sein Meister unter die Schweigepflicht gestellt haben sollte, in Treuenbrietzen ungehindert verwerthen können. Der Gehülfe eines Kolonialwaarengeschäfts in der Rosenthalerstraße wird, wenn er in ein Geschäft in der Potsdamerstraße eintritt, von der in dem früheren Geschäfte erworbenen Kundenkenntniß schwerlich Gebrauch machen, eine bezüglich derselben etwa vereinbarte Schweigepflicht also auch nicht verletzen können. Aber auch auf dem beschränkten Gebiete, das übrig bleibt, handelt es sich immer nur um anvertraute Geschäftsgeheimnisse. Dadurch scheidet weiter Alles aus, was einem bestimmten Geschäft nicht eigenthümlich ist, was Jemand sich also im gewöhnlichen Gange der Ausbildung oder der Thätigkeit als Gehülfe an Kenntnissen und Geschäftserfahrung angeeignet hat. Dies gilt insbesondere auch von dem Kundenkreis, den ein Reisender durch eigene Thätigkeit seinem Hause zuführte. Wenn er diese Kunden nach dem Eintritt in ein anderes Geschäft zu besuchen fortfährt, so kann von der unbefugten Mittheilung eines ihm anvertrauten Geschäftsgeheimnisses nicht die Rede sein. Anders freilich liegt die Sache, wenn ein entlassener Angestellter die ihm gegen Zusicherung der Schweigepflicht übergebene Kundenliste einem Konkurrenten seines Prinzipals verräth, den er dadurch um die Frucht seiner Arbeit bringen kann. Daß solcher Verrath geahndet wird, entspricht doch dem Rechtsbewußtsein. Und dann handelt es sich doch nicht allein um Kundenlisten, sondern — von den eigentlichen Fabrikationsgeheimnissen abgesehen — auch um Preislisten, Bilanzen, Kalkulationen, Inventuren, Submissionsgebote und manches Andere, an dessen Geheimhaltung die Existenz eines Geschäfsmannes hängen kann. Ferner darf man den schon bei der Plenarberathung von dem Herrn Staatssekretär des Innern erwähnten unlauteren Prinzipal nicht vergessen, der von früheren oder gegenwärtigen Angestellten seiner Konkurrenz deren Betriebsgeheimnisse zu erspähen sucht. Fälle dieser Art sind leider nicht selten und nicht nur von der Mannheimer Handelskammer — wie bei der Plenarberathung gemeint wurde —, sondern auch von anderen Stellen liegen Berichte vor, wonach die Verschacherung von Fabrikationsgeheimnissen an „unlautere Prinzipale" in der That gewerbsmäßig betrieben wird. Solchem Treiben wollte die Vorlage einen Riegel vorschieben. Daß sich gegen den dazu vorgeschlagenen Weg, namentlich gegen die Vereinbarung einer Schweigepflicht, wie § 9 Nr. 2 sie vorsieht, Bedenken erheben lassen, wird nicht verkannt. Wenn ein Weg bezeichnet werden kann, der ohne Preisgebung des zu erstrebenden Zwecks die berechtigten Interessen der Angestellten noch unzweideutiger wahrt, so zweifle ich nicht, daß die verbündeten Regierungen darauf gern eingehen werden. Denn auch ihnen liegt es am Herzen, daß dem Fortkommen der ehrenwerthen Klasse von Handels- und Gewerbebeflissenen, um die es sich handelt, keine Hindernisse in den Weg gelegt werden."

Im Schooße der Reichstagskommission wurden, obwohl deren Mehrheit im Prinzip die Nothwendigkeit eines civil- und strafgesetzlichen Schutzes gegen den Geheimnißverrath anerkannte, gegen den in der Vorlage eingeschlagenen Weg die verschiedenartigsten Bedenken laut. Das Ergebniß der ersten Lesung war ein negatives, indem der § 9 mit allen Einzelbestimmungen und ebenso die dazu gestellten Abänderungsanträge abgelehnt wurden. In der zweiten Lesung verblieb es bei der Streichung der Nr. 2 des Absatz 1; im übrigen wurde nunmehr der § 9 nach der Regierungsvorlage mit einigen, unten zu erörternden Modifikationen angenommen. Das Plenum des Reichstages ist den Beschlüssen der Kommission beigetreten.

Das Gesetz bedroht mit öffentlicher Strafe und mit civilrechtlicher Schadensersatzpflicht:

a. den Angestellten, welcher Geheimnisse des Geschäftsbetriebes während der Dauer des Dienstverhältnisses an Andere mittheilt (§ 9 Absatz 1);

b. Denjenigen, welcher Geheimnisse, deren Kenntniß er durch den Verrath eines Angestellten oder durch eine eigene rechtswidrige Handlung erlangt hat, verwerthet oder an Andere mittheilt (§ 9 Absatz 2);

c. Denjenigen, welcher Angestellte zum Verrath, sei es mit Erfolg, sei es ohne Erfolg, anstiftet (§§ 9 und 10).

Der nach Auflösung des Dienstverhältnisses sich vollziehende Verrath eines Angestellten fällt nicht unter das Verbot des § 9; die Verwerthung eines Geheimnisses durch einen Angestellten nur alsdann, wenn die Verwerthung in der Mittheilung an Andere besteht, oder wenn der Angestellte durch eine rechtswidrige Handlung Kenntniß von dem Geheimnisse erlangt hat.

2) Angestellter, Arbeiter oder Lehrling eines Geschäftsbetriebes. Die Treupflicht der Angestellten ergiebt sich aus dem persönlichen Charakter des Dienstverhältnisses. Personen, welche außerhalb eines solchen Verhältnisses stehen, mögen ebenfalls durch Rücksichten der Moral und des Anstandes an die Wahrung eines fremden Geschäftsgeheimnisses gebunden sein; eine unter Strafandrohung gestellte gesetzliche Verpflichtung zur Verschwiegenheit besteht jedoch für sie nur in soweit, als sie durch den Verrath eines Angestellten, oder durch eine eigene rechtswidrige Handlung von dem fremden Geheimniß Kenntniß erlangt haben. — Auf die Theilhaber (Sozien) einer Handelsgesellschaft erstreckt sich die Bestimmung nicht, ebensowenig auf Aufsichtsrathsmitglieder einer Aktiengesellschaft, wohl aber auf die Direktoren einer solchen. Die vertragsmäßig übernommene Verpflichtung zur Verschwiegenheit steht an sich nicht unter dem Schutze des ersten Absatzes; Voraussetzung für dessen Anwendung ist vielmehr ein Dienstverhältniß. Ob das Dienstverhältniß ein dauerndes oder vorübergehendes ist, ob es auf einem Dienstvertrage beruht oder nicht, ob die Dienste gegen Entschädigung oder unentgeltlich geleistet werden, ist ohne Belang.

Der Begriff „Angestellte" umfaßt die zu technischen, kaufmännischen oder mechanischen Dienstleistungen angenommenen Personen, beispielsweise Betriebsbeamte, Werkmeister, Maschinen-Bau-Ingenieure, Chemiker, Zeichner, Gesellen, Gehülfen — Prokuristen, Handlungsbevollmächtigte, Handlungsgehülfen —, Schreiber, Diener, Boten. Auch die sog. Volontäre gehören zu den Angestellten. Die im Gesetz besonders genannten „Arbeiter" und „Lehrlinge" werden häufig, jedoch nicht immer zu den „Angestellten" zu rechnen sein. Personen, welche nicht in einem Dienstverhältniß, sondern in anderweitigen vertragsmäßigen Beziehungen zu dem Geschäftsbetriebe stehen, z. B. Handwerker, denen eine Reparatur übertragen worden ist, gelten nicht als Angestellte. Der Ausdruck „Geschäftsbetrieb" bezeichnet kaufmännische und gewerbliche Betriebe, letztere auch insoweit, als sie nicht den Vorschriften der Gewerbeordnung unterstehen (vergl. Nr. 8 der Erl. zu § 1).

3) **Geschäfts- oder Betriebsgeheimnisse.** Der Begriff „Geheimniß" ist im Gesetz nicht definirt:

„Derselbe ist", wie die Motive sagen, „dem Sprachgebrauche des täglichen Lebens, wie auch der Gesetzessprache ohnehin geläufig; in letzterer Beziehung sei neben dem § 300 des Strafgesetzbuchs und den §§ 107 und 108 des Unfallversicherungsgesetzes u. a. noch auf den § 92 des Strafgesetzbuchs (Staatsgeheimnisse) und auf § 349 Ziffer 3 der Civilprozeßordnung (Kunst- oder Gewerbegeheimnisse) verwiesen. Es erscheint sonach nicht nothwendig und ist auch wegen der Schwierigkeit einer zufriedenstellenden Begriffsfeststellung nicht rathsam, durch eine solche der richterlichen Würdigung der besonderen Verhältnisse des Einzelfalles Schranken zu ziehen. Daß ein Geheimniß Gegenstände voraussetzt, die sonst nicht bekannt sind, liegt im Begriff und braucht nicht ausdrücklich ausgesprochen zu werden. Was der Oeffentlichkeit oder einer Mehrzahl von Personen bekannt ist, kann auch im Sinne des vorliegenden Entwurfs nicht als Geheimniß gelten. Indiskretionen, welche bekannte Dinge betreffen, stehen also nicht unter der Strafandrohung der §§ 9 und 10."

Ob ein Geheimniß vorliegt, ist nach objektiven Merkmalen zu bestimmen. Die Auffassung des Prinzipals ist nicht entscheidend, und ebensowenig kann die Verletzung der ausdrücklich übernommenen Verpflichtung, einen bestimmten Gegenstand als Geheimniß zu wahren, einen Angestellten aus § 9 verantwortlich machen, wenn der Gegenstand thatsächlich nicht geheim ist. Für die Feststellung der Geheimnißqualität ist der Zeitpunkt der Mittheilung maßgebend; es entlastet den Angestellten nicht, wenn nach seiner Mittheilung und selbst unabhängig von derselben der Gegenstand bekannt geworden ist. — Die Mitwissenschaft eines oder selbst mehrerer fremden Personen schließt den Begriff des Geheimnisses nicht schlechthin aus; es ist nach den besonderen Umständen zu beurtheilen, ob beispielsweise eine gewisse Mischung, welche von einigen Fabriken benutzt wird, den übrigen Betrieben der gleichen Branche aber unbekannt ist, als geheim angesehen werden kann. Auf der anderen Seite liegt ein Geheimniß dann nicht vor, wenn zwar die thatsächliche Kenntniß auf eine Person sich beschränkt, diese aber den Gegenstand völlig offen benutzt, so daß dritte Personen beliebig Einsicht nehmen können.

Die Gleichstellung der kaufmännischen mit den gewerblich-technischen Geheimnissen ist vielfach aus dem Grunde angefochten worden, weil dem kaufmännischen Verkehr Geheimnisse überhaupt fremd seien. In dieser Allgemeinheit ist die Behauptung zweifellos unrichtig. Mag auch das Handelsgeheimniß an wirthschaftlicher Bedeutung hinter dem Fabrikgeheimniß zurückstehen, so wird doch jedes kaufmännische Geschäft Werth darauf legen, daß gewisse Dinge, z. B. Jahresabschlüsse, Bilanzen, Inventuren, Selbstkostenberechnungen, Submissionsofferten u. dergl. der Kenntniß der Mitbewerber entzogen bleiben. Auch Kundenlisten, Bezugsquellen können, namentlich in ihrer Totalität, den Gegenstand der

Geheimhaltung bilden. Das aus § 9 sich ergebende Verhältniß der Geschäftsreisenden zu den Kundenlisten ist bei der Vorbereitung des Gesetzes vielfach erörtert worden; die hierbei hervorgetretenen Bedenken haben sich im Wesentlichen durch die grundsätzliche Beschränkung der Schweigepflicht auf die Dauer des Dienstverhältnisses erledigt.

4) **Vermöge des Dienstverhältnisses anvertraut oder sonst zugänglich geworden.** Die Verpflichtung der Angestellten zur Verschwiegenheit umfaßt alle Geheimnisse, von denen sie aus Anlaß oder bei Gelegenheit ihrer dienstlichen Beschäftigung Kenntniß erlangt haben. Ob sie die Kenntniß durch mündliche oder schriftliche Mittheilung, durch Einsicht von Büchern, Korrespondenzen, Zeichnungen, Plänen, durch Beobachtung des Betriebes oder auf anderen, — sei es erlaubtem oder unerlaubtem — Wege gewonnen haben, ist unerheblich; auch darauf kommt es, wie die Motive ausdrücklich bemerken, nicht an, ob der geheime Gegenstand innerhalb oder außerhalb des Bereichs der dienstlichen Obliegenheiten des Angestellten liegt. — Nothwendig ist aber, daß die Kenntniß des Geheimnisses durch das Dienstverhältniß vermittelt worden ist.

5) **Während der Geltungsdauer des Dienstverhältnisses.** Der Regierungsentwurf wollte die Schweigepflicht auf die Geltungsdauer des Dienst*vertrages* erstrecken, um den Angestellten, der den Dienst vorzeitig verläßt, bis zum Ablauf der kontraktlich festgesetzten Dienstzeit an die Geheimnisse des Prinzipals zu binden. Die Aenderung, welche das Gesetz nach dem Vorschlage der Reichstagskommission (Ber. S. 28) getroffen hat, beschränkt die Verpflichtung auf diejenige Zeit, in welcher der Angestellte thatsächlich im Dienste steht. Hierin liegt eine wesentliche Abschwächung des Schutzes in sofern, als der Angestellte, welcher einen Verrath beabsichtigt, nur den Dienst zu verlassen braucht, um sich gegen eine strafrechtliche Verfolgung zu sichern. Immerhin läßt sich diese Abschwächung durch die Erwägung rechtfertigen, daß den Prinzipalen die Möglichkeit entzogen werden soll, durch den Abschluß möglichst langer Kontrakte die Angestellten in der freien Verfügung über ihr Wissen, so weit es sich auf Geheimnisse des Geschäftsbetriebes erstreckt, zu beschränken.

6) **Zu Zwecken des Wettbewerbes oder in der Absicht, dem Inhaber des Geschäftsbetriebes Schaden zuzufügen.** Die in den Worten „zu Zwecken des Wettbewerbs" liegende Voraussetzung ist, so weit es sich um die Mittheilung eines fremden Geheimnisses nach Maßgabe des Absatz 1 oder des Absatz 2 des § 9 handelt, als erfüllt anzusehen, gleichviel ob auf Seiten des Mittheilenden oder auf Seiten desjenigen, der die Mittheilung entgegennimmt, die Absicht einer Ausbeutung des Geheimnisses oder wenigstens das Bewußtsein, daß eine solche Ausbeutung die Folge des Verraths sein werde, vorhanden ist. Der Regierungsentwurf wollte den Verrath der Angestellten nur in sofern verfolgen, als er zu Zwecken des Wettbewerbes geübt wird. Der aus einem Vorschlag der Reichstagskommission (Ber. S. 28) hervorgegangene Zusatz „in der Absicht rc." beruht auf der Erwägung, daß der Angestellte, welcher aus Rache oder Bosheit ein Geheimniß seines Dienstherrn preisgiebt, nicht straflos ausgehen darf.

Die Verfolgung des Verrathes eines Angestellten ist an die genannten beiden Motive gebunden. Ein Verrath aus Unbedacht, Leichtfertigkeit, Renommisterei rc. oder ein Verrath, welcher auf die Förderung wissenschaftlicher Zwecke abzielt, ist nicht strafbar. In dieser Beziehung besteht ein Unterschied gegenüber dem § 300 St.G.B., welcher den Vertrauensbruch als solchen und ohne Rücksicht auf die dabei leitende Absicht unter Strafe stellt.

7) **Unbefugt an Andere mittheilt.** Befugt ist die Mittheilung dann, wenn sie mit Genehmigung des Inhabers des Geschäftsbetriebes oder in Erfüllung einer gesetzlichen Pflicht z. B. der Zeugnißpflicht erfolgt. Der Umstand, daß nach § 349³ der Civ.Pr.Ord. ein Angestellter das Zeugniß über Fragen verweigern kann, deren Beantwortung ein Kunst- oder Gewerbegeheimniß offenbaren würde, gestaltet das Zeugniß, wenn es gleichwohl abgelegt wird, nicht zu einer unbefugten Mittheilung.

Die Form der Mittheilung ist unerheblich; sie kann im Wege des Geschehenlassens erfolgen, wenn z. B. der Angestellte die Einsichtnahme der auf seinem Arbeitstisch ausliegenden Pläne einem Besucher gestattet. Auch in der öffentlichen Bekanntgabe eines Geheimnisses liegt eine Mittheilung.

Die Mittheilung muß an Personen erfolgen, die nicht im

Besitze des Geheimnisses sind. In diesem Sinne ist das Wort „Andere" verstanden.

8. **Verwerthung oder Mittheilung fremder Geheimnisse durch dritte Personen (Absatz 2 des § 9).** Der erste Entwurf (vergl. S. 17) wollte die unbefugte Verwerthung eines fremden Geheimnisses nur in sofern verfolgen, als sie von Angestellten, sei es während der Dauer des Dienstverhältnisses, sei es innerhalb einer zweijährigen Frist nach Beendigung desselben betrieben wird. Dieser Vorschlag wurde einerseits als unzulässige Beschränkung der Bewegungsfreiheit der Angestellten, andererseits unter dem Gesichtspunkte beanstandet, daß es wesentlich darauf ankomme, die außerhalb des Kreises der Angestellten stehenden Personen zu treffen, welche die auf rechtswidrigem Wege zu ihrer Kenntniß gelangten fremden Geheimnisse ausbeuten. In Würdigung dieser Bedenken hat der an den Reichstag gelangte Entwurf und ihm folgend das Gesetz den Angestellten die Verwerthung der Geheimnisse ihres Prinzipals — natürlich unbeschadet der etwa vertragsmäßig festgesetzten Folgen — im Prinzip freigegeben. Das Verbot des Absatz 1 bezieht sich nur auf die unbefugte Mittheilung an Andere während der Dauer des Dienstvertrages. — Dagegen ist in Absatz 2 die Strafandrohung auf diejenigen ausgedehnt, welche sich ein fremdes Geheimniß zu Nutze machen, das sie entweder durch den strafbaren Verrath eines Angestellten, oder durch eine gegen eine Gesetzesvorschrift oder gegen die Regeln der Moral verstoßende eigene Handlung in Erfahrung gebracht haben. Diese Strafandrohung trifft im Wesentlichen dritte Personen.

Ob eine Handlung gegen die guten Sitten verstößt, ist nach Lage der Umstände zu beurtheilen. Das unbefugte Eindringen in fremde Geheimnisse, namentlich das Einschleichen in Geschäfts- oder Betriebsräume Anderer zum Zwecke der Spionage, daneben aber auch die indiskrete Benutzung eines Zufalls, welcher einen Einblick in das Geheimniß ermöglicht, z. B. das Durchblättern von Briefen, Plänen in einem unverschlossenen Schreibtisch, ferner etwa die Vorspiegelung falscher Thatsachen, welche die Mittheilung des Geheimnisses veranlassen, die Entnahme einer Kopie von einer nur zur Kenntnißnahme vorgelegten Zeichnung muß als unmoralisch angesehen werden. Das Eindringen in ein fremdes Geheimniß ist an sich nicht strafbar; erst wenn auf Grund der hierdurch erlangten Kenntniß die Verwerthung des Geheimnisses vorgenommen wird, greift die Bestimmung in Absatz 2 Platz.

Der Verwerthung ist, als für den Geschädigten in gleichem Maße nachtheilig, die Mittheilung an Andere gleichgestellt. Die eine, wie die andere Handlung muß, um die strafrechtliche Verantwortlichkeit zu begründen, unbefugt und zu Zwecken des Wettbewerbes vorgenommen sein (vergl. Nr. 6 und 7 der Erl. zu diesem Paragraphen). Die Absicht, dem rechtmäßigen Eigenthümer des Geheimnisses einen Schaden zuzufügen, genügt hier — abweichend von Absatz 1 — nicht.

9) **Strafen.** Die Strafe trifft nur das vorsätzliche Handeln. Die Fahrlässigkeit bleibt straflos. Der Thäter muß aber außerdem, wie sich aus § 59 Str.G.B. ergiebt, diejenigen Umstände kennen, welche zum Thatbestande gehören; er muß also vor Allem von denjenigen Thatsachen unterrichtet sein, welche den von ihm unbefugt mitgetheilten oder verwertheten Gegenstand als geheim kennzeichnen. Und der Benutzer eines durch einen Angestellten verrathenen Geheimnisses muß ferner von den Verhältnissen Kenntniß haben, aus denen sich die Merkmale des nach Absatz 1 strafbaren Verraths ergeben. Das fernere Erforderniß der auf einen bestimmten Zweck gerichteten Absicht (Wettbewerb bezw. bei Absatz 1 auch Schadenszufügung) ist unter Nr. 6 und 8 erörtert.

Die Strafandrohung entspricht derjenigen des § 7 (vergl. Nr. 3 der Erl. zu § 7) mit der Maßgabe, daß der zulässige Höchstbetrag der Geldstrafe auf 3000 Mark — statt auf 1500 Mark — festgesetzt worden ist. Die Strafverfolgung setzt auch hier einen Antrag voraus und geschieht in der Regel im Wege der Privatklage (§ 12). Eine Veröffentlichung des Strafurtheils ist bei der Natur des Gegenstandes nicht vorgesehen. Neben der Strafe kann auf eine Buße erkannt werden (§ 14). Ueber die örtliche und sachliche Zuständigkeit der Gerichte, über die Verjährung der Strafverfolgung und der Strafvollstreckung gilt das früher Gesagte, (Nr. 2 der Erl. zu § 2, Nr. 3 letzter Absatz der Erl. zu § 4). — Der Versuch ist nicht strafbar.

10) **Schadensersatzpflicht.** Die Verpflichtung zum Schadensersatz ist an die gleichen Voraussetzungen, wie die Bestrafung ge-

bunden, so daß ein fahrlässiger Verrath die Ersatzpflicht nicht begründet. Die solidarische Haftbarkeit mehrerer Verpflichteten soll dem Verletzten die Durchführung seines Anspruches namentlich für diejenigen Fälle erleichtern, in denen der Eine der Verpflichteten, etwa der Angestellte, der den Verrath begangen, ohne Vermögen, ein anderer Verpflichteter aber, insbesondere derjenige, welcher das verrathene Geheimniß ausgebeutet hat, zur Deckung des Schadens im Stande ist.

Die gesetzliche Schadensersatzpflicht aus Absatz 3 des § 9 läßt vertragsmäßige Vereinbarungen über die Folgen des Verraths oder der Verwerthung von Geheimnissen unberührt. Insbesondere bleibt es den Betheiligten unbenommenen, für den Fall eines Verraths, der nach Auflösung des Dienstverhältnisses von einem Angestellten verübt wird, Konventionalstrafen zu bedingen. Ein aus der Mitte des Reichstags gemachter Versuch, die Gültigkeit solcher Vereinbarungen einzuschränken, oder die Haftbarkeit für die einen Angestellten vertragsmäßig treffende Ersatzpflicht auf Denjenigen auszudehnen, welcher den Angestellten zum Verrath angestiftet hat, ist ohne Erfolg geblieben, weil man bei voller Würdigung des berechtigten Kerns dieser Vorschläge doch der Meinung war, daß die gewünschte Abänderung des allgemeinen Vertragsrechts an sich bedenklich, jedenfalls aber nicht im Rahmen des vorliegenden Gesetzes vorzunehmen sei. Ebenso sind einschränkende Bestimmungen gegenüber den sogenannten Konkurrenzklauseln, als außer Zusammenhang zum unlauteren Wettbewerb stehend, abgelehnt worden, nachdem regierungsseitig erklärt worden war, daß die Frage der Konkurrenzklauseln bei der unmittelbar bevorstehenden Revision des Handelsgesetzbuchs werde geregelt werden.

11) **Verhältniß des § 9 zu älteren gegen den Verrath von geschäftlichen Geheimnissen gerichteten landesrechtlichen Strafbestimmungen.** Die Motive zu § 9 des dem Reichstag vorgelegten Gesetzentwurfs (S. 20) beginnen mit der Bemerkung, daß Vorschriften gegen den Verrath von Betriebs- oder Geschäftsgeheimnissen vor dem Jahre 1870 in mehreren der jetzt zum Deutschen Reich verbundenen Staaten (in Bayern, Königreich Sachsen, Württemberg, Baden, Braunschweig, im Geltungsbereich des Thüringischen Strafgesetz-

buchs, in Hamburg und Elsaß-Lothringen) in Geltung waren. Diese Vorschriften sind bei dem Inkrafttreten des Reichsstrafgesetzbuchs, welches entsprechende Bestimmungen nicht enthält, in der Mehrzahl jener Staaten u. a. in Bayern, Baden, Braunschweig, Anhalt, Hamburg im Wege der Landesgesetzgebung ausdrücklich aufgehoben worden. Da, wo dies nicht geschehen ist, werden nach Analogie eines reichsgerichtlichen Straferkenntnisses vom 3. Januar 1887 (Entsch. Bd. 25 S. 140), welches für Elsaß-Lothringen die fernere Gültigkeit der Strafvorschrift in Art. 418 des Code pénal auch angesichts der Bestimmung in § 2 des Einführungsgesetzes vom 31. Mai 1870 zum Reichsstrafgesetzbuche darlegte, die einschlägigen Strafsanktionen auch jetzt noch als zu Recht bestehend angesehen werden müssen. In diesen Gebieten kann also der Verrath eines Geschäfts- oder Betriebsgeheimnisses unter Umständen gegen mehrere Strafgesetze verstoßen, — ein Fall, welcher nach Maßgabe des § 73 St.G.B. durch Anwendung desjenigen Gesetzes, welches die schwerste Strafe oder die schwerste Strafart androht, seine Lösung findet.

§. 10.

Wer zum Zweck des Wettbewerbes es unternimmt, einen Anderen zu einer unbefugten Mittheilung der im §. 9 Absatz 1 bezeichneten Art zu bestimmen, wird mit Geldstrafe bis zu zweitausend Mark oder mit Gefängniß bis zu neun Monaten bestraft.

Zu § 10.

Als Anstifter gilt nach § 48 St.G.B., wer einen Anderen zu der von demselben begangenen strafbaren Handlung durch Geschenke oder Versprechen, durch Drohung, durch Mißbrauch des Ansehens oder der Gewalt, durch absichtliche Herbeiführung oder Beförderung eines Irrthums oder durch andere Mittel vorsätzlich bestimmt hat. Den Anstifter trifft die gleiche Strafe wie den Thäter.

Nach diesem allgemeinen Grundsatz des Strafrechts, der selbstverständlich auf sämmtliche Strafbestimmungen des vorliegenden Gesetzes Anwendung findet, ist derjenige, welcher einen Angestellten zu einem nach § 9 strafbaren Verrath verleitet, mit der in § 9 angedrohten Strafe zu belegen, sofern die Verleitung thatsächlich zum Verrath geführt hat.

Der § 10 des Gesetzes will nun unabhängig von dieser letzten Voraussetzung, also auch dann, wenn die Anstiftung ohne Erfolg geblieben ist, die Bestrafung eintreten lassen, um — wie es in den Motiven heißt — der für das redliche Gewerbe besonders gefährlichen Verleitung zum Vertrauensbruch einen Riegel vorzuschieben.

Die Bestimmung bildet ein Gegenstück zu dem § 159 St.G.B., woselbst das erfolglose Unternehmen der Verleitung eines Anderen zum Meineid als ein selbständiges Delikt unter Strafe gestellt ist. Wie hier, muß sich auch nach Maßgabe des § 10 die Verleitung auf den vollständigen Thatbestand des zu verübenden Vergehens beziehen; sie muß also in subjektiver Beziehung u. a. dahin abzielen, daß der Angestellte das Geheimniß zu Zwecken des Wettbewerbes oder in der Absicht, dem Prinzipal Schaden zuzufügen, mittheilen soll. Außerdem aber — und hierin liegt ein Unterschied gegenüber dem § 159 St.G.B. — ist es erforderlich, daß der Verleitende auch seinerseits in einer bestimmten Absicht, nämlich zum Zweck des Wettbewerbes gehandelt hat.

Was das Strafmaß betrifft, so war man im Reichstag zunächst der Meinung, das erfolglose Unternehmen der Anstiftung zum Verrath mit der gleichen Strafe belegen zu müssen, wie die erfolgreiche Anstiftung und den Verrath selbst. In der dritten Lesung ist jedoch der Höchstbetrag der Geldstrafe auf 2000 Mark, der Gefängnißstrafe auf neun Monate herabgesetzt worden. Im Uebrigen vergl. wegen der Strafen Nr. 9 der Erl. zu § 9.

§. 11.

Die in den §§. 1, 6, 8, 9 bezeichneten Ansprüche auf Unterlassung oder Schadensersatz verjähren in sechs Monaten von dem Zeitpunkt an, in welchem der Anspruchsberechtigte von der Handlung und von der Person des Verpflichteten Kenntniß erlangt, ohne Rücksicht auf diese Kenntniß in drei Jahren von der Begehung der Handlung an.

Für die Ansprüche auf Schadensersatz beginnt der Lauf der Verjährung nicht vor dem Zeitpunkt, in welchem ein Schaden entstanden ist.

Zu § 11.

Es ist bereits unter Nr. 1 der Erl. zu § 2 erwähnt, daß die Einführung kurzer Verjährungsfristen für die civilrechtlichen Ansprüche, welche das Gesetz begründet, eine der Garantien gegen eine chikanöse Häufung von Prozessen bilden solle. Greift dieser Gesichtspunkt auch nur gegenüber der Unterlassungsklage aus § 1 Platz, welche von jedem Mitbewerber unabhängig von dem Nachweise eines besonderen Interesses angestellt werden kann, so besteht doch bei dem schnellen Wechsel der geschäftlichen Beziehungen und Bedürfnisse auch für die übrigen aus dem Gesetz sich ergebenden Ansprüche auf Unterlassung und auf Schadensersatz kein Bedürfniß, die zum Theil sehr ausgedehnten landesrechtlichen Verjährungsfristen aufrecht zu erhalten. Auch das Interesse an der Einheitlichkeit des Rechtszustandes im Reichsgebiete erforderte besondere Festsetzungen, obschon dieser letztere Gesichtspunkt nur für die Zeit bis zum Inkrafttreten des Bürgerlichen Gesetzbuchs ins Gewicht fallen konnte.

Das Gesetz hat hiernach die Verjährungsfrist für civilrechtliche Ansprüche auf sechs Monate bestimmt, von demjenigen Zeitpunkte an gerechnet, in welchem der Anspruchsberechtigte von der Handlung und von der Person des Verpflichteten Kenntniß erlangt hat. Sind mehrere Klageberechtigte vorhanden, wie in den Fällen des Absatzes 1 des § 1, so bestimmt sich der Beginn der Verjährungsfrist für Jeden gesondert.

Außerdem aber ist eine dreijährige Verjährungsfrist festgesetzt, deren Lauf mit der Begehung der Handlung beginnt, ohne daß es hierbei auf den Zeitpunkt ankommt, in welchem der Anspruchsberechtigte die zur Geltendmachung seines Rechts nöthige Kenntniß erlangt hat. Die Motive rechtfertigen diese Vorschrift mit der Bemerkung, daß die Möglichkeit einer Verfolgung noch weiter zurückliegender Vorgänge weder mit der Rücksicht auf die Lage des Verpflichteten zu vereinbaren, noch im Interesse des Berechtigten erforderlich sein würde.

Für die Schadensersatzansprüche beginnt, sofern die schädigende Handlung mit der Entstehung des Schadens zeitlich nicht zusammenfällt, die Verjährung nicht vor dem Zeitpunkte der Entstehung des Schadens. Dies ist in Absatz 2 des § 11 ausdrücklich ausgesprochen, um mit dem § 836 des Entwurfs zu dem Bürgerlichen Gesetzbuch Uebereinstimmung herzustellen.

Jede erneute selbstständige Zuwiderhandlung erzeugt einen neuen Anspruch, welcher einer besonderen Verjährung unterliegt. Wohl zu unterscheiden hiervon ist aber der Fall einer fortgesetzten kontinuirlichen Zuwiderhandlung, die auch unter dem Gesichtspunkt der Verjährung als ein einheitlicher Akt zu betrachten ist. Ob das Eine oder das Andere vorliegt — eine Frage, die bei den Ansprüchen aus § 1, namentlich aber bei denjenigen aus § 8 praktisch werden kann —, ist nach den besonderen Umständen des Falls zu beurtheilen.

Im Uebrigen gelten hinsichtlich des Ruhens, der Unterbrechung rc., der Verjährung, die allgemeinen Rechtsgrundsätze. Insbesondere ist zu bemerken, daß die kurze Verjährung des Schadensersatzanspruches auch hier in soweit nicht Platz greift, als der Beschädiger zum Schaden eines Anderen einen Vortheil erreicht hat. Der Anspruch auf Herausgabe der ungerechtfertigten Bereicherung unterliegt der ordentlichen Verjährung.

Die Verjährung der Strafverfolgung und Strafvollstreckung regelt sich nach den Vorschriften in §§ 66 ff. Str.G.B.

§. 12.

Die Strafverfolgung tritt mit Ausnahme der im §. 5 bezeichneten Fälle nur auf Antrag[1]) ein. In den Fällen des §. 4 hat das Recht den Strafantrag zu stellen, jeder der im §. 1 Absatz 1 bezeichneten Gewerbetreibenden und Verbände.

Die Zurücknahme des Antrages ist zulässig.

Strafbare Handlungen, deren Verfolgung nur auf Antrag eintritt, können von den zum Strafantrage Berechtigten im Wege der Privatklage[2]) verfolgt werden, ohne daß es einer vorgängigen Anrufung der Staatsanwaltschaft bedarf. Die öffentliche Klage wird von der Staatsanwaltschaft nur dann erhoben, wenn dies im öffentlichen Interesse liegt.

Geschieht die Verfolgung im Wege der Privatklage, so sind die Schöffengerichte zuständig.

Zu § 12.

1) **Antrag auf Strafverfolgung.** Die Strafverfolgung von Zuwiderhandlungen setzt mit Ausnahme der Fälle des § 5 (Uebertretung der vom Bundesrath gegen Quantitätsverschleierungen zu erlassenden Vorschriften) einen Antrag voraus, dessen Zurücknahme zulässig ist. In den Motiven findet sich hierzu bemerkt:

„Die in dem Entwurfe bedrohten Vergehen verletzen mit Ausnahme der Fälle des § 5, nur private Interessen. Von deren Entschließung kann daher die Strafverfolgung abhängig gemacht werden. Wird von demselben ein Antrag nicht gestellt oder wird ein gestellter Antrag zurückgezogen, so deutet dies darauf hin, daß entweder der angerichtete Schaden nicht erheblich ist, oder daß eine Verständigung zwischen den Betheiligten stattgefunden hat. In beiden Fällen liegt zur Einleitung oder zur Fortführung eines Strafverfahrens ein Grund nicht vor. Dagegen werden Uebertretungen der nach § 5 vom Bundesrath erlassenen Anordnungen der bestimmten Beziehung zu dem Interessentenkreise einer Einzelperson in der Regel entbehren; sie kennzeichnen sich vielmehr im Allgemeinen als ein Verstoß gegen die Ordnung und sind daher von Amtswegen zu verfolgen."

Der innerhalb der Reichstagskommission (Ber. S. 30) gemachte Vorschlag, durch Streichung des Absatzes 2 die Zurücknahme des Antrages auszuschließen, ist abgelehnt worden.

Hinsichtlich der Stellung des Antrags gelten die allgemeinen Vorschriften des Str.G.B. (§§ 61 ff.) und der Str.Pr.Ord. (§ 156). Antragsberechtigt ist also der Verletzte, d. h. in den Fällen des § 7 Derjenige, gegen welchen die geschäftsschädigenden Behauptungen sich richten, in den Fällen der §§ 9 und 10 der Inhaber des Geschäftes, dessen Geheimnisse verrathen sind oder verrathen werden sollten. Für die Fälle des § 4 ist im Gesetz ausdrücklich ausgesprochen, daß alle zur Anstellung der civilrechtlichen Unterlassungsklage berechtigten Gewerbetreibenden und Verbände auch im strafrechtlichen Sinne als verletzt gelten sollen.

Ist der Verletzte minderjährig, so ist sein gesetzlicher Vertreter antragsberechtigt; jedoch kann er, falls er das achtzehnte Lebensjahr vollendet hat, den Antrag auch selbstständig stellen. Eine Bevollmächtigung ist zulässig; jedoch ist in einer Handlungsvollmacht nicht ohne Weiteres die Befugniß zur Stellung eines Strafantrags für den Prinzipal enthalten.

Die Antragsfrist beträgt drei Monate, sie beginnt mit dem Tage, seit welchem der Verletzte von der Handlung und der Person des Thäters Kenntniß gehabt hat. Die Frist ist präklusivisch, ihre Versäumung schließt ohne Rücksicht auf etwaiges Verschulden die Verfolgung aus. Der Antrag muß bei einem Gericht oder bei der Staatsanwaltschaft schriftlich oder zu Protokoll, bei einer anderen Behörde schriftlich angebracht werden. Die Erhebung der Privatklage schließt den Antrag von selbst in sich.

2) **Privatklage.** Die allgemeinen Gesichtspunkte, welche für die strafrechtliche Verfolgung des unlauteren Wettbewerbs zur Wahl des Systems der Privatklage geführt haben, sind schon oben (S. 29) angedeutet. Die Motive (S. 26) bemerken im Einzelnen:

„Dem früheren Entwurfe und insbesondere dem § 2 (jetzt § 4) desselben ist von vielen Seiten das Bedenken entgegengehalten worden, daß die Androhung von Strafen, namentlich in den Fällen der schwindelhaften Reklame, zur Belästigung der Organe der Strafrechtspflege gereichen und chikanöse Denunciationen hervorrufen, hierdurch aber die Moral im Geschäftsleben eher schädigen als fördern werde. Dieses Bedenken ist nicht ohne Berechtigung. Eine Strafanzeige bringt, sofern sie nicht wider besseres Wissen erstattet ist (§ 164 des Strafgesetzbuchs), für den Anzeigenden — abgesehen etwa von der im Falle grober Fahrlässigkeit ihn unter Umständen treffenden Kostenpflicht (§ 501 der Strafprozeßordnung) — keinerlei Verantwortlichkeit mit sich; hierin liegt, sobald Fälle unlauteren Wettbewerbes unter strafrechtliche Verfolgung gestellt werden, ein gewisser Anreiz zu Denunciationen, die alsdann die Staatsanwaltschaft und die Polizei zu näheren Ermittelungen verpflichten und, auch wenn sie sich als unbegründet herausstellen, für den Betroffenen mit Unannehmlichkeiten und geschäftlichen Nachtheilen verbunden sind. Um dieser Gefahr zu begegnen, soll nach § 12 des gegenwärtigen Entwurfs — ebenso wie bei Beleidigungen und leichten Körperverletzungen — abgesehen von den Fällen des § 5 der Betrieb des Strafprozesses im Allgemeinen der Entschließung der Betheiligten überlassen werden. Dieses Verfahren wird, ohne die

Wirksamkeit der Strafandrohung abzuschwächen, jeden, der die Strafverfolgung herbeizuführen wünscht, zu einer sorgfältigen Prüfung des Sachverhalts und des eigenen Interesses veranlassen, bevor er den mit der Rolle eines Privatklägers verbundenen Mühwaltungen und pekuniären Opfern sich unterzieht. Dabei bleibt auch das öffentliche Interesse hinreichend gewahrt, insofern bei Verletzung desselben die Staatsanwaltschaft von Amtswegen einzuschreiten berechtigt und verpflichtet ist."

Diese Gesichtspunkte sind vom Reichstage nach keiner Richtung hin beanstandet worden.

Die Befugniß zur Erhebung der Privatklage steht denjenigen zu, welche als Verletzte antragsberechtigt sind (vergl. Nr. 1 der Erl. zu diesem Paragraphen), in den Fällen des § 4 also den zur civilrechtlichen Unterlassungsklage legitimirten Gewerbetreibenden und Verbänden. Das Verfahren regelt sich nach den allgemeinen Vorschriften der Prozeßgesetze; insbesondere finden §§ 414 Absatz 2 und 3, 415, 417 und 418, 421 bis 427, 429 bis 432, 433 Absatz 1, 434 und 503 der Str.Pr.Ord. entsprechende Anwendung. Für den Geltungsbereich des § 4 des Gesetzes ist namentlich die Bestimmung von Wichtigkeit, daß, wenn von mehreren aus derselben strafbaren Handlung zur Klage Berechtigten einer die Privatklage erhoben hat, den Uebrigen nur der Beitritt zu dem Verfahren zusteht, und daß jede in der Sache ergangene Entscheidung zu Gunsten des Beschuldigten auch dritten Klageberechtigten gegenüber wirksam ist. Die Entscheidung schließt, soweit es sich um ein und dieselbe Strafthat handelt, ebensowohl eine neue Privatklage seitens eines anderen Klageberechtigten, wie auch die öffentliche Klage seitens der Staatsanwaltschaft aus. Ist die Strafthat wiederholt, so kann die Wiederholung selbstverständlich zur Grundlage einer erneuten Strafverfolgung gemacht werden. Die ursprüngliche Absicht, auch für die civilrechtliche Unterlassungsklage Vorschriften nach Analogie des § 415 der Str.Pr.Ord. aufzustellen, ist nicht zur Ausführung gekommen (vergl. Nr. 1 der Erl. zu § 2).

Ein Sühnetermin, wie solcher bei Beleidigungen der Klageerhebung vorangehen muß (§ 420 Str.Pr.Ord.) findet nicht statt; auch die für die Fälle des § 187 Str.G.B. vorgesehene Sonderbestimmung des § 433 Absatz 2 hinsichtlich der Fortführung der Privatklage nach dem Tode des Klägers ist hier nicht anwendbar.

selbst nicht für die verwandten Fälle des § 7 des Gesetzes. — Hinsichtlich des dem Privatkläger obliegenden Gebührenvorschusses gilt § 83 des Gerichtskostengesetzes vom 18. Juni 1878.

Die Zuständigkeit der Schöffengerichte ist zur Vermeidung etwaiger Zweifel ausdrücklich ausgesprochen, weil die Vorschrift des § 27[3] des Ger.Verf.Ges. auf die Verfolgung von Beleidigungen und Körperverletzungen sich beschränkt.

Der Privatklageberechtigte kann zunächst bei der Staatsanwaltschaft die Erhebung der öffentlichen Klage beantragen; die Entschließung darüber, ob ein öffentliches Interesse verletzt und daher dem Antrage stattzugeben ist, steht unter Ausschluß gerichtlicher Entscheidung lediglich der Staatsanwaltschaft mit der Maßgabe zu, daß gegen einen ablehnenden Bescheid innerhalb des staatsanwaltschaftlichen Instanzenzuges Beschwerde eingelegt werden kann. — Die Stellung des Antrages auf Erhebung der öffentlichen Klage schließt den nach Absatz 1 des § 12 erforderlichen Antrag auf Strafverfolgung in sich; die Antragsfrist bleibt daher gegebenenfalls auch bei einer ablehnenden Entschließung der Staatsanwaltschaft gewahrt. — Ohne einen Antrag des Verletzten kann die Staatsanwaltschaft, selbst wenn ein öffentliches Interesse vorliegt, die öffentliche Klage nicht erheben; vorbereitende Maßnahmen zur Feststellung des Thatbestandes (Beweiserhebungen, Beschlagnahmen ꝛc.) sind aber zulässig.

Ueber die der Staatsanwaltschaft und den Organen der Sicherheits- und Ordnungspolizei obliegende Pflicht des vorbeugenden Einschreitens gegen strafbare Handlungen vergl. Nr. 4 der Erl. zu § 4.

§. 13.

Wird in den Fällen des §. 4 auf Strafe erkannt, so kann angeordnet werden, daß die Verurtheilung auf Kosten des Schuldigen öffentlich bekannt zu machen sei.

Wird in den Fällen des §. 7 auf Strafe erkannt, so ist zugleich dem Verletzten die Befugniß zuzusprechen, die Verurtheilung innerhalb bestimmter Frist auf Kosten des Verurtheilten öffentlich bekannt zu machen.

Auf Antrag des freigesprochenen Angeschuldigten kann das Gericht die öffentliche Bekanntmachung der Freisprechung anordnen; die Staatskasse trägt die Kosten, insofern dieselben nicht dem Anzeigenden oder dem Privatkläger auferlegt worden sind.

Ist in den Fällen der §§. 1, 6 und 8 auf Unterlassung Klage erhoben, so kann in dem Urtheile der obsiegenden Partei die Befugniß zugesprochen werden, den verfügenden Theil des Urtheils innerhalb bestimmter Frist auf Kosten der unterliegenden Partei öffentlich bekannt zu machen.

Die Art der Bekanntmachung ist im Urtheil zu bestimmen.

Zu § 13.

Die im Str.G.B. für die Fälle der falschen Anschuldigung (§ 165) und der öffentlichen Beleidigung (§ 200) vorgesehene, von hier aus mehrfach in neuere Gesetze übernommene Urtheilsveröffentlichung ist als ein besonders wirksames Mittel zur Bekämpfung des unlauteren Wettbewerbes im vorliegenden Gesetze im weitesten Umfange zugelassen.

Der Regierungsentwurf hatte nur die Publikation der Strafverurtheilungen (§§ 4 und 7) und der auf eine Unterlassung lautenden Civilerkenntnisse (§§ 1, 6 und 8) mit der Motivirung ins Auge gefaßt, daß die Veröffentlichung wesentlich dazu beitragen werde, das durch trügerische Vorspiegelungen irregeführte Publikum aufzuklären und sein Vertrauen dem soliden Geschäftsbetriebe zuzuführen, während sie in den Fällen des § 7 eine Genugthuung bilde, auf welche der durch unwahre Ausstreuungen Geschädigte einen berechtigten Anspruch habe. Der letztere Gesichtspunkt wurde seitens des Reichstags auch zu Gunsten derjenigen geltend gemacht, welche unbegründeter Weise im Civil- oder Strafverfahren wegen unlauteren Wettbewerbes zur Verantwortung gezogen worden sind: namentlich für diejenigen Fälle, — so führte man aus — in denen die Thatsache der Anstellung einer Civil- oder Strafklage zum Gegenstande der Verwerthung im Konkurrenzkampfe gemacht worden sei, gebühre dem Freigesprochenen eine Genugthuung in Gestalt einer Veröffentlichung des Urtheils.

Nach Maßgabe der hiernach beschlossenen Erweiterung des Entwurfs ist der Inhalt des § 13 nunmehr folgender:

Die Veröffentlichung ist obligatorisch bei einer Strafverurtheilung wegen geschäftsschädigender Ausstreuungen (§ 7); der Strafrichter hat hier dem Verletzten von Amtswegen, also unabhängig von einem besonderen Antrag die Befugniß zuzusprechen, die Verurtheilung, — den gesammten Inhalt des Urtheils oder nur den verfügenden Theil — auf Kosten des Verurtheilten, (welcher nöthigenfalls im Wege des Civilprozesses zur Kostenerstattung anzuhalten ist), bekannt zu machen. Ob der Verletzte von dieser Befugniß Gebrauch machen will, bleibt seinem Ermessen anheimgestellt.

In allen übrigen Fällen hat das Gericht nach der besonderen Lage der Umstände zu entscheiden, ob eine Veröffentlichung angezeigt ist. Bejahendenfalls ist

a. bei einer Strafverurtheilung aus § 4 und bei einer Freisprechung aus § 4 oder § 7 die Publikation durch das Gericht selbst zu veranlassen, und zwar bei einer Freisprechung auf Kosten der Staatskasse, soweit nicht die Kosten dem Anzeigenden (§ 501 der Str.Pr.Ord.) oder dem Privatkläger (§ 503 der Str.Pr.Ord.) auferlegt worden sind;

b. in der Entscheidung über eine Unterlassungs- (nicht Schadensersatz-) Klage aus §§ 1, 6 oder 8 die Befugniß zur Bekanntmachung des verfügenden Theils (nicht des gesammten Inhalts) des Urtheils der obsiegenden Partei, mag dies der Kläger oder der Beklagte sein, auf Kosten der Gegenpartei zuzusprechen.

Die Ausübung der einem Betheiligten zuerkannten Publikationsbefugniß ist stets im Urtheil selbst an eine bestimmte Frist zu binden.

Außerdem hat in allen Fällen das Urtheil sich darüber auszusprechen, in welcher Art die Bekanntmachung erfolgen soll (z. B. durch Anheftung an die Gerichtstafel, durch Abdruck in bestimmt zu bezeichnenden öffentlichen Blättern u. dergl.).

§. 14.

Neben einer nach Maßgabe dieses Gesetzes verhängten Strafe[1]) kann[5]) auf Verlangen[2]) des Verletzten auf eine an ihn zu erlegende Buße bis zum Betrage[3]) von zehntausend Mark erkannt werden. Für diese Buße haften die zu derselben Verurtheilten als Gesammtschuldner.[4]) Eine erkannte Buße schließt die Geltendmachung eines weiteren Entschädigungsanspruchs aus.[3])

Zu § 14.

Die Bestimmungen über die Verhängung einer Buße im Strafverfahren sind, wie die Motive kurz bemerken, den Vorschriften anderer den Schutz gewerblicher Interessen bezweckenden Gesetze (u. A. Patent-Gebrauchsmuster-Waarenbezeichnungs-Gesetz) nachgebildet.

Die Buße soll den Ersatz für zugefügten Schaden bilden; sie kann also nur da verhängt werden, wo ein Schaden entstanden ist. Voraussetzung ist ferner:

1) **Eine Verurtheilung im Strafverfahren.** Im Fall einer Freisprechung — etwa aus § 4 —, ist eine Buße selbst dann ausgeschlossen, wenn — nach Maßgabe des § 1 Absatz 2 — die Bedingungen für eine civilrechtliche Schadensersatzpflicht gegeben sind. Die Buße ist im Tenor des Strafurtheils selbst festzusetzen.

2) **Das Verlangen des Verletzten.** Nicht jeder nach § 12 zur Stellung des Strafantrags Berechtigte ist im Sinne des § 14 als verletzt anzusehen; insbesondere scheiden hier die gewerblichen Verbände des § 1 im Allgemeinen aus. Das Verlangen ist in formeller Beziehung nach Maßgabe der §§ 443—446 Str.Pr.Ord. geltend zu machen. Der Privatkläger hat einen etwaigen Antrag auf Buße im Privatklageverfahren und zwar spätestens bis zur Verkündung des Urtheils erster Instanz anzubringen. Wer in einem Privatklageverfahren, in dem er nicht selbst Kläger ist, oder wer in einem von der Staatsanwaltschaft eingeleiteten Strafverfahren die Zuerkennung einer Buße verlangen will, hat sich dem Verfahren als Nebenkläger (§§ 435—443 Str.Pr.Ord.) anzuschließen. Dies geschieht durch Einreichung einer schriftlichen Er-

klärung bei dem Gericht spätestens bis zur Verkündung des Urtheils erster Instanz. Der Nebenkläger kann sich aller Rechtsmittel gegen das Urtheil unabhängig von dem Privatkläger, bezw. von der Staatsanwaltschaft bedienen.

3) **Der Betrag der verlangten Buße** ist in allen Fällen anzugeben; auf einen höheren Betrag darf nicht erkannt werden. Der Antrag kann bis zur Verkündung des Urtheils zurückgenommen und darf alsdann nicht erneuert werden. Die Zurücknahme oder die gerichtliche Zurückweisung des Antrags schließt die anderweitige Verfolgung der Ersatzansprüche im Wege des Civilprozesses nicht aus. Ist aber auf Buße erkannt worden, so können selbst weitergehende Entschädigungsansprüche im Civilwege nicht geltend gemacht werden.

4) **Die gesammtschuldnerische Haftung** mehrerer zur Buße verurtheilten Personen greift selbstverständlich nur insoweit Platz, als diese Personen an ein und derselben Strafhandlung als Mitthäter, Anstifter oder Gehülfen betheiligt waren.

5) **Ob dem Antrage auf Buße stattzugeben ist,** steht selbst dann, wenn die gesetzlichen Voraussetzungen hierfür gegeben sind, in dem pflichtmäßigen Ermessen des Strafrichters. Er kann den Antrag ablehnen und pflegt nach den mit ähnlichen Vorschriften anderer Gesetze gemachten Erfahrungen von dieser Befugniß gern mit der Motivirung Gebrauch zu machen, daß das Strafverfahren Anhaltspunkte für die Schätzung des Schadens und die Bemessung der Buße nicht geliefert habe. Gerade für die Handhabung des vorliegenden Gesetzes wird jedoch eine weitergehende Anwendung des strafrechtlichen Instituts der Buße sich empfehlen. Eine ziffermäßige Feststellung des entstandenen Schadens ist bei der Eigenart der im Gesetz behandelten Verhältnisse auch im Civilprozeß der Regel nach nicht möglich. Es liegt daher im Interesse der Vermeidung unnöthiger Prozesse, wenn die ohnehin nöthige arbiträre Schätzung mit dem Strafverfahren verbunden wird.

§. 15.

Bürgerliche Rechtsstreitigkeiten, in welchen durch Klage ein Anspruch auf Grund dieses Gesetzes geltend gemacht ist, gehören, insoweit in erster Instanz die Zuständigkeit der Landgerichte begründet ist, vor die Kammer für Handelssachen. Die Verhandlung und Entscheidung letzter Instanz im Sinne des §. 8 des Einführungsgesetzes zum Gerichtsverfassungsgesetze wird dem Reichsgericht zugewiesen.

Zu § 15.

Für bürgerliche Rechtsstreitigkeiten sind je nach dem Werthe des Streitgegenstandes die Amts- oder die Landgerichte sachlich zuständig. Insoweit die Zuständigkeit der Landgerichte begründet ist, kann der Kläger in der Klageschrift (§ 102 Ger.Verf.Ges.) die Verhandlung des Rechtsstreits vor der Kammer für Handelssachen beantragen. Diese Bestimmung beruht auf einem allseitigen dringenden Wunsche der betheiligten Kreise; sie wird in den Motiven durch den Hinweis begründet, daß für die Beurtheilung der hier fraglichen Verhältnisse die nach der Art ihrer Zusammensetzung den Kammern für Handelssachen innewohnende genauere Kenntniß der Gepflogenheiten des geschäftlichen und gewerblichen Verkehrs von Wichtigkeit ist.

Die fernere Vorschrift hinsichtlich der Zuständigkeit des Reichsgerichts in letzter Instanz soll die Einheitlichkeit der Rechtsprechung sicherstellen. Nach dem angezogenen § 8 des Einführungsgesetzes zum Gerichtsverfassungsgesetz kann

> „durch die Gesetzgebung eines Bundesstaates, in welchem mehrere Oberlandesgerichte errichtet werden, die Verhandlung und Entscheidung der zur Zuständigkeit des Reichsgerichts gehörenden Revisionen und Beschwerden in bürgerlichen Rechtsstreitigkeiten einem obersten Landesgerichte zugewiesen werden. Diese Vorschrift findet jedoch auf bürgerliche Rechtsstreitigkeiten, welche ... durch besondere Reichsgesetze dem Reichsgerichte zugewiesen werden, keine Anwendung."

Auf diesem letzteren Vorbehalt fußend überträgt das vorliegende Gesetz für alle bürgerlichen Rechtsstreitigkeiten, in welchen durch Klage — nicht durch Widerklage — ein Anspruch auf Grund des Gesetzes geltend gemacht wird, die Verhandlung und Entscheidung über die Rechtsmittel der Revision und der Beschwerde gegen Urtheile bezw. Beschlüsse der Oberlandesgerichte an das Reichsgericht. Von praktischer Bedeutung ist die Bestimmung nur für Bayern, da nur hier ein oberstes Landesgericht besteht.

§. 16.

Wer im Inlande eine Hauptniederlassung nicht besitzt, hat auf den Schutz dieses Gesetzes nur insoweit Anspruch, als in dem Staate, in welchem seine Hauptniederlassung sich befindet, nach einer im Reichs-Gesetzblatt enthaltenen Bekanntmachung deutsche Gewerbetreibende einen entsprechenden Schutz genießen.

Zu § 16.

Der Schutz des Gesetzes ist grundsätzlich auf die im Inland ansässigen Gewerbetreibenden beschränkt.

„Es besteht", wie die Motive sagen, „kein Anlaß, die Rechtsbehelfe, durch welche der Entwurf dem reellen Geschäftsbetriebe den Kampf mit dem unlauteren Wettbewerbe erleichtern will, ohne Weiteres und unabhängig von dem Nachweise der Gegenseitigkeit auch dem Ausländer zuzugestehen. Je häufiger der Deutsche in seinen geschäftlichen Beziehungen zu dem Auslande Uebervortheilungen sich preisgegeben sieht, um so wichtiger ist es für uns, daß den Reichsangehörigen auch durch die ausländische Gesetzgebung ein Schutz gegen unredliche Machenschaften gewährt wird. Nur in dem Maße, wie dies geschieht, werden wir die im Auslande ansässigen Gewerbetreibenden unter den Schutz des vorliegenden Gesetzes stellen können."

Der Begriff des Inlandes umfaßt neben dem Reichsgebiete die deutschen Schutzgebiete und diejenigen auswärtigen Bezirke, in denen das Reich die Konsulargerichtsbarkeit ausübt. Niederlassungen in den Schutzgebieten und Niederlassungen von Reichsangehörigen oder Schutzgenossen in den unserer Konsulargerichtsbarkeit unterworfenen Ländern sind im Sinne des vorliegenden Gesetzes, ebenso wie im Sinne des Waarenbezeichnungsgesetzes (vergl. S. 20 der Motive zu letzterem Gesetz, Nr. 70 der Reichstagsdrucksachen von 1893/94) als inländische Niederlassungen anzusehen.

Die Staatsangehörigkeit ist nicht maßgebend; vielmehr kommt es dem wirthschaftlichen Charakter des Gesetzes entsprechend auf den Besitz einer gewerblichen Niederlassung an. Der Reichsangehörige, der seinen Geschäftsbetrieb lediglich vom Auslande führt, genießt keinen Schutz, wohl aber der Ausländer, der im Reichsgebiete eine Niederlassung und zwar eine Hauptniederlassung besitzt. Eine Zweig- oder Nebenniederlassung genügt nicht;

Personen, welche außer im Reichsgebiete noch in einem fremden Staate geschäftlich ansässig sind, bleiben vom Schutz des Gesetzes ausgeschlossen, wenn die Niederlassung im Inlande nur den Charakter einer Filiale hat.

Eine Niederlassung ist nach der auch hier verwerthbaren Definition des § 22 der Civ.Pr.Ord. (vergl. auch hinsichtlich der gewerblichen Niederlassung im engeren Sinne § 42 Absatz 2 der Gew.Ord.) eine zum Betriebe einer Fabrik, einer Handlung oder eines anderen Gewerbes bestimmte Anstalt, von welcher aus unmittelbar Geschäfte abgeschlossen werden. Das Kriterium liegt in der Verbindung von Betriebsstätte und Geschäftsabschluß. Die Niederlassung der nach §§ 1 und 4 zur Klage und zum Strafantrag berechtigten Verbände wird durch deren Sitz bestimmt; als Sitz gilt, wenn nicht ein Anderes erhellt, der Ort, wo die Verwaltung geführt wird (§ 19 der Civ.Pr.Ord.).

Erst beim Vorhandensein mehrerer Niederlassungen im obigen Sinne kann der Begriff der Hauptniederlassung praktische Bedeutung gewinnen. Ob eine Niederlassung als Hauptniederlassung anzusehen ist, muß nach den besonderen Umständen des Falls, insbesondere nach dem Verhältniß zu anderen Niederlassungen beurtheilt werden. Allgemein gültige Merkmale für die Entscheidung der Frage lassen sich nicht aufstellen; indessen wird man regelmäßig davon ausgehen dürfen, daß ein Etablissement, welches einem anderen unterstellt ist, nicht als Hauptniederlassung zu gelten hat. Mehrere Hauptniederlassungen können nebeneinander bestehen. In diesem Fall genügt es, wenn eine Hauptniederlassung im Inlande sich befindet.

Demjenigen, welcher eine Hauptniederlassung im Inlande nicht besitzt, bleibt im Prinzip der Schutz des Gesetzes versagt; er ist zur Erhebung der Civil- und Privatklage, wie auch zur Stellung des Strafantrages nicht legitimirt und gegebenenfalls abzuweisen, selbst wenn der Gegner einen Einwand aus § 16 nicht geltend macht. Materiell hat dies für die Fälle der §§ 6 bis 10 die Wirkung, daß die geschäftsschädigende Anschwärzung, die auf Verwechselungen berechnete Benutzung eines Namens 2c., der Verrath oder die Verwerthung eines Geschäfts- oder Betriebsgeheimnisses oder die Anstiftung hierzu eine civil- oder strafrechtliche Verantwortlichkeit in soweit nicht begründet, als die That gegen enie nicht schutzberechtigte Person gerichtet ist. — Daß die Versagung des Schutzes die Befreiung von den Verpflichtungen des Gesetzes nicht nach sich zieht, ist selbstverständlich. Wer im Geltungsbereiche des Gesetzes den Vorschriften desselben entgegenhandelt, kann verfolgt werden, auch wenn er im Inlande nicht ansässig ist.

Die Beschränkung des Schutzes auf inländische Gewerbetreibende beruht keineswegs auf der Absicht, die Rechtsfähigkeit der Ausländer einzuschränken oder sie der Willkür unredlicher Mitbewerber preiszugeben. Maßgebend war allein die Tendenz, den Reichsangehörigen auch im Auslande einen gesetzlichen Schutz gegen die unlautere Konkurrenz zu erwirken. Auswärtige Staaten werden sich hierzu um so eher bestimmen lassen, wenn wir unsererseits nur unter der Voraussetzung der Gegenseitigkeit die Angehörigen fremder Staaten an den Vortheilen unseres Gesetzes theilnehmen lassen. Aus diesem praktischen Gesichtspunkte heraus ist den im Inlande nicht ansässigen Personen der Schutz des Gesetzes insoweit eingeräumt, als in dem Staate, in dem ihre Hauptniederlassung sich befindet, deutsche, d. h. in Deutschland ansässige Personen, einen entsprechenden Schutz genießen. Die Prüfung der Frage, ob diese Voraussetzung erfüllt ist, hat das Gesetz nach dem Vorbilde des Waarenbezeichnungsgesetzes (§ 23) dem Reichskanzler übertragen. Die Entscheidung wird von demselben im Reichsgesetzblatt bekannt gemacht und erhält hierdurch bindende Kraft dergestalt, daß die Gegenseitigkeit vor einer Bekanntmachung nicht angenommen, nach einer solchen nicht in Abrede gestellt werden darf. Der Reichskanzler ist selbstverständlich befugt, die Bekanntmachung in derselben Form, in der sie erlassen worden ist, und mit der gleichen Rechtswirkung zurückzunehmen oder einzuschränken.

Bis jetzt (Mai 1896) sind Bekanntmachungen der hier fraglichen Art nicht erlassen, so daß der Schutz des Gesetzes bei dessen Inkrafttreten voraussichtlich zunächst auf inländische Gewerbetreibende sich beschränken wird. — Die vom Reichskanzler unter dem 22. September 1894 (R.G.Bl. S. 521) erlassene Bekanntmachung stellt lediglich die Gegenseitigkeit auf dem Gebiete des Schutzes der Waarenbezeichnungen fest, kommt also für die Anwendung des vorliegenden Gesetzes an sich nicht in Betracht. Jedoch ist zu bemerken, daß mit einzelnen der in der Bekanntmachung aufgezählten auswärtigen Staaten (u. a. mit Oesterreich-Ungarn, Italien, Schweiz, Serbien, Bulgarien, Vereinigte Staaten von Amerika) der gegenseitige Schutz auch von Firmen und Namen — neben Erfindungen, Mustern und Modellen oder Fabrik- und Handelsmarken — im Wege des Staatsvertrages bereits vereinbart worden ist. Soweit dies der Fall, werden die Angehörigen der betreffenden Staaten ohne Weiteres die zum Zweck der Ergänzung des Firmen- und Namenschutzes durch § 8 des vorliegenden Gesetzes geschaffenen Rechtsbehelfe geltend machen dürfen. Einer besonderen Bekanntmachung bedarf es in dieser Beziehung nicht, da dieselbe vermöge der Publikation der einschlägigen Staatsverträge als bereits erfolgt zu erachten ist.

§. 17.

Dieses Gesetz tritt am 1. Juli 1896 in Kraft.

Urkundlich zc.

Gegeben zc.

Alphabetisches Sachregister.

(Die Ziffern bezeichnen die Seite.)

F.

G.

K.

L.

M.

T.

U.

V.

W.

Z.

Druck der Norddeutschen Buchdruckerei, Berlin SW., Wilhelmstr. 32.

FSC
www.fsc.org
MIX
Papier | Fördert
gute Waldnutzung
FSC® C083411

Kolibri 360 GmbH
Ferdinand-Jühlke-Straße 7
99095 Erfurt, Deutschland
produktsicherheit@kolibri360.de